AMERIČANÉ
A ZÁPADNÍ ČECHY 1945

AMERICANS
IN WEST BOHEMIA 1945

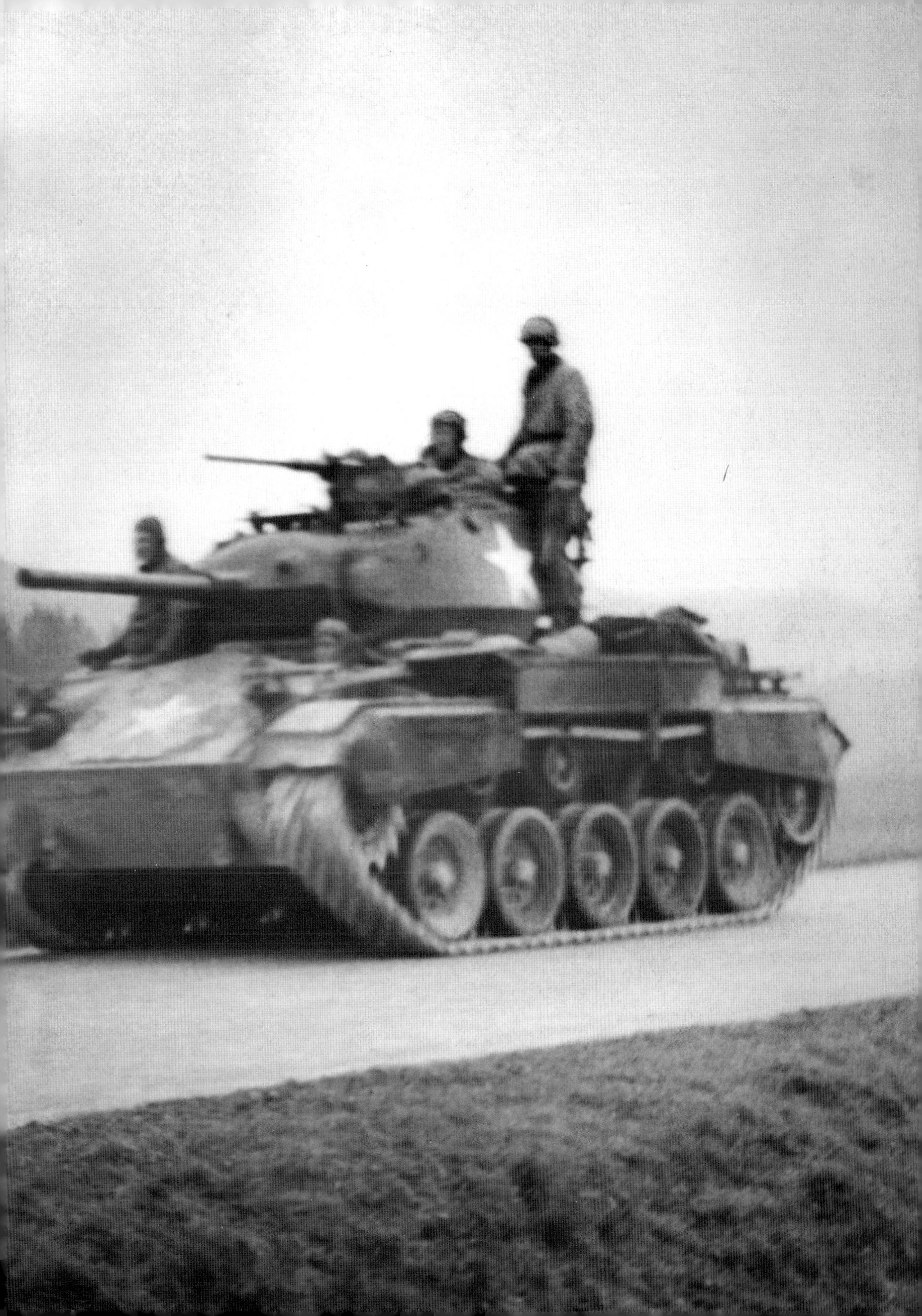

Tato kniha byla vydána exklusivně k 55. výročí osvobození americkou armádou.

Vydalo: ZR&T, Vojanova 15, 318 12 Plzeň, tel. 019 / 28 22 30
Vydání 1. Plzeň 2000
Výběr fotografií: Zdeněk Roučka
Texty: Zdeněk Roučka
Odborní poradci: ing. arch. Jaroslav Peklo, Vladimír Kačer
Zpracování fotografií: Marcel Čepičan, Hřímalého 16, 320 25 Plzeň
Grafická úprava: Marcel Čepičan
Obal: Milan Kasl, Marcel Čepičan
Překlady: Jan Salzmann
Editor: Rev. James Krikava
Tisk: Kalous & Skřivan, Na Roudné 23, Plzeň

Všechna práva vyhrazena. Žádná část této knihy nesmí být reprodukována ani šířena v jakékoliv formě nebo jakýmikoliv prostředky, ať už elektronickými či mechanickými nebo ve formě fotokopií či nahrávek či prostřednictvím současného nebo budoucího informačního systému apod. bez předchozího písemného souhlasu vydavatele.

© Zdeněk Roučka 2000

ISBN 80 - 238 - 5081- 4

Zvláštní poděkování patří ing. arch. Jaroslavu Peklovi z Plzně za spolupráci při realizaci tohoto náročného projektu, konzultace důležitých historických údajů a poskytnutí původních amerických vojenských hlášení.

AMERIČANÉ
A ZÁPADNÍ ČECHY 1945
UNIKÁTNÍ FOTOGRAFIE

AMERICANS
IN WEST BOHEMIA 1945
EXCLUSIVE PICTURES

MIRKO KŘEN · ROBERT WITTMAN · SLÁVA VANEŠ · JOSEF TAUBER ·
JIŘÍ VLACH · STANISLAV SRBEK · JIŘÍ PLZÁK
A DALŠÍ AUTOŘI / ... AND OTHERS

Napsal a sestavil Zdeněk Roučka
Compilation and Commentary by Zdeněk Roučka

ZR&T

Věnováno americkým vojákům, kteří osvobozovali Československo.

Dedicated to the American soldiers who took part in the liberation of Czechoslovakia.

O fotografiích v této knize ...

Druhá světová válka byla zcela určitě nejvíce fotografovaným konfliktem v lidských dějinách. Váleční fotografové, dopisovatelé, vojáci, ale také civilisté, ti všichni se snažili natrvalo zachytit dramatické události mezi rokem 1939-1945. Snímky z této války jsou dodnes svým významem nepřekonatelné a zůstávají trvalým svědectvím o době, kdy ve dvacátém století válčily tři čtvrtiny světa.

Autory fotografií v knize Američané a západní Čechy 1945 jsou čeští profesionální i amatérští fotografové, kteří na samém konci války zachytili poslední boje a postup amerických divizí 3. armády generála Pattona do Čech.

Až koncem dubna 1945, když bylo Německo definitivně sevřeno v kleštích spojenců a Eisenhowerovo velení zjistilo, že tzv. Alpská pevnost neexistuje, mohly směřovat americké divize XII. a V. sboru do hlubokých pohraničních hor Šumavy a Českého lesa, aby osvobozovaly první česká města a vesnice.

Tou pravou pevností bylo znásilněné protektorátní území Čech a Moravy, kde se nacházelo obrovské množství perfektně vyzbrojených nacistických divizí a příslušníků dalších hitlerovských jednotek. Ještě stále tehdy byla válka!

V pátek 4. května 1945 oznámil dopisem generál Eisenhower náčelníkovi štábu Rudé armády armádnímu generálovi Antonovovi, že Američané postoupí na linii Karlovy Vary-Plzeň-České Budějovice a obsadí tato města. Zároveň Eisenhower v dopise oznámil, že pokud si to vyžádá situace, budou americké divize pokračovat ve svých útocích až ke břehům Vltavy a Labe. Rusové tuto variantu ještě v noci na 5. května důrazně odmítli, s nepravdivým odůvodněním, že sovětské velení již vytvořilo potřebné uskupení vojsk a zahájilo plánovanou operaci do středu Čech dle dřívějších dohod.

Vzhledem k tomu, že právě tato dramatická část konce druhé světové války nebyla, na rozdíl od mnoha jiných bojových událostí v Evropě či Tichomoří doposud knižně fotograficky zpracována, můžeme brát význam této knihy, na samém konci 20. století, jako částečné vyplnění volného okénka jedné důležité tajenky. Vždyť na českém území ukončily svou válečnou cestu jedny z nejslavnějších amerických pěších i obrněných divizí, jejichž vojáci nesli po celou dobu bojů v západní Evropě tíhu těžkých střetů s fašistickým protivníkem.

Název této unikátní knihy vychází z výstavy fotografií dvou uznávaných plzeňských fotografů, Mirko Křena a Roberta Wittmana. Výstavu skvělých reportážních snímků z osvobození Plzně a pobytu amerických vojsk zahájili v červenci roku 1947 v hotelu New York v Mariánských Lázních, za velkého zájmu veřejnosti, americký velvyslanec Lawrence Steinhardt a ministr zahraničí Československa Jan Masaryk. Výstava Američané a západní Čechy měla být původně putovní, ale politické události už dalším akcím tohoto druhu tvrdě zabránily.

Po roce 1948 bylo osvobození Plzně a západních Čech americkou armádou doslova vygumováno z novin, učebnic a bohužel i z pamětí některých občanů této země. Jako jediný hrdinný osvoboditel Československa byla komunistickou propagandou, mnohdy až hystericky, prezentována Rudá armáda. Demarkační linie mezi spojenci, tvrdě kontrolovaná Rusy, zmizela z historie a Pattonova armáda byla v tisku zesměšňována a napadána, že její vojáci odpočívali u Plzně a nepomohli bojující Praze.

Mirko Křen byl vězněn více než půl roku, Robert Wittman strávil téměř rok v jáchymovských dolech a oba nesměli vykonávat profesi fotografa. Domažlický fotograf Josef Tauber raději emigroval i s negativy z osvobození Domažlic do USA. I ostatní profesionální fotografové, zastoupeni v této knize, měli velké problémy s vládnoucí komunistickou mocí.

Vzácné negativy a fotografie v 50. letech doslova stíhala Státní bezpečnost, často byly uschovávány mimo ateliéry na odlehlých místech a bohužel docházelo i k jejich zničení či ztracení.

Všechny snímky bylo proto nutno zpracovat nejmodernější počítačovou technikou a mnohým tak vrátit jejich původní kvalitní podobu.

Tato kniha obsahuje nejpůsobivější a nejslavnější fotografie z atmosféry osvobození Plzně, Domažlic, Klatov, Sušice, Přeštic a Horažďovic americkou armádou. Najdete tu snímky, které zatím nikdo ze širší veřejnosti neviděl, reportážní fotografie, které podle svědectví už neměly existovat, záběry, jež kvalitou můžeme dodatečně zařadit mezi nejslavnější válečné fotografie druhé světové války.

Všechny záběry tak znovu oživují neopakovatelnou atmosféru toho dramatického, a přece tak jedinečného jara roku 1945.

Fotografická kniha Američané a západní Čechy 1945 vznikla díky pomoci mnoha lidí, sběratelů, rodinných příslušníků slavných fotografů, pracovníků muzeí a díky finančnímu přispění významných plzeňských firem a města Plzně. Všichni tak podpořili svým nadšením historicky cenné dílo.

Patří jim za to velké poděkování!

About the pictures in this book ...

World War II was the most photographed conflict in human history. The war correspondents, photographers, soldiers and civilians, all tried to record for history the dramatic events between the years 1939 and 1945. The pictures taken during this time of war remain unsurpassed in their significance and impact. This is a graphical testimony of the 20th Century times when three quarters of the World were engaged in war.

The pictures in this book were taken by Czech photographers, professional and amateur alike. They captured the dramatic events at the very end of the war - from the last combat missions to the final advance into Bohemia of the U.S. Third Army Divisions under General Patton.

Not until the end of April 1945, when Nazi Germany was finally held firmly in the grip of the Allies, the Eisenhower Headquarters realized for sure that the much feared Nazi propaganda monster, the so called "Alpine Fortress", actually never existed. The real Nazi stronghold was not situated in the Alps at all. Instead, it was in the Central Bohemia region where the last intact Nazi army was hidden. For this reason, the U.S. Army divisions of the XII and V Corps entered the deep forest of the Šumava and Český Les mountain ranges in order to liberate Czech cities and villages. Besides the regular Wehrmacht divisions, the occupied Czech and Moravian territory was full of other Nazi units as well. Remember, the enemy was not yet completely defeated at this time, the war was still going on.

On the 30th of April Gen. Eisenhower stated in a letter to Gen. Antonov, Chief of Staff of the Red Army, that the Americans would not only advance to the Karlovy Vary - Plzeň - České Budějovice line, but would also take these cities. In the next letter, dated Friday, May 4th, 1945, Eisenhower specified that the American divisions would continue in their advance up to the Vltava and Labe riverbanks if the situation would require such action. However, on the night prior to May 5th, the Russians categorically rejected this proposal with a false claim that the Soviet Command had already formed the necessary task force required to secure Prague, and that the operation planned according to prior agreement was already under way.

This part of the dramatic conclusion of World War II in Europe has not until now been documented in a single picture book (unlike other European and Pacific battlefields). Therefore we consider this picture book to fill out one important part of the overall puzzle. At the very end of the 20th Century we are able to look back in time to see some of the most famous American Infantry and Armored divisions on the war path leading to and ending on Czech territory. Here we can see the real soldiers carrying on their shoulders the heavy burden of combat against the Nazis, and finally enjoying their glorious victory in Europe.

The title of this unique book is based on the picture presentation of two noted, professional Plzeň photographers, Mr. Mirko Křen and Mr. Robert Wittman. Their outstanding picture report, which focuses on the liberation of Plzeň and the subsequent stationing of American troops there, was put on display in July, 1947 in the Hotel New York, Mariánské Lázně (Marienbad), in Western Czechoslovakia, by the U.S. Ambassador, Mr. Lawrence Steinhardt, and Mr. Jan Masaryk, the Minister of Foreign Affairs of Czechoslovakia at the time. This picture exposition entitled, "Americans and Western Bohemia", became very popular and was supposed to tour the country. However, the subsequent political development definitively prevented another exposition and any other form of true historical display to see the light of day.

Following the Communist coup of 1948, the liberation of Plzeň and Western Bohemia by the U.S. Army was literally erased from all newspapers, school textbooks, and, unfortunately, the minds of some Czechoslovak citizens. Instead it was exclusively the Red Army which was presented as the one and only heroic liberator of Czechoslovakia. It was often done with a zeal and hysteria of a religious fanatic. Suddenly, the previously agreed upon Line of Contact ceased to exist and Patton's Army was accused of failure to help Prague and ridiculed for having a good time in Plzeň instead.

Mirko Křen was jailed for more than six months. Robert Wittman spent almost a year in Jáchymov uranium mines, and both were banned from their professions. Another photographer, Mr. Josef Tauber chose to emigrate to the United States taking along the negatives of the liberation of Domažlice, his home town. Many other professional photographers presented in this book were persecuted and harassed by the ruling Communists.

During the fifties the rare pictures and negatives were labeled criminal and subject to confiscation. The pictures and their authors were hunted down by the State Security. It was necessary to get them out of the studios and hide them in secret locations. Unfortunately, as a result many were lost, damaged, or even deliberately destroyed.

This required all pictures to be digitally reprocessed and enhanced by the latest computer equipment in order to restore them to their original quality.

In this book you will see the most famous and striking pictures capturing the exceptional atmosphere of the Plzeň, Domažlice, Klatovy, Sušice, Přeštice and Horažďovice liberation by the U.S. Army. Some of these pictures have never been seen in public until now. You will see those pictures, which, according to former testimony, were supposed to have been destroyed long ago. Some of these pictures may possibly rank among the other famous pictures of World War II.

All these pictures bring back the unrepeatable mood and atmosphere of that dramatic and truly unique Spring of 1945.

This picture book, "Americans in West Bohemia 1945", was put together due to the effort and help of many people, collectors, family members of the famous photographers, museum workers, friends, and major corporate sponsors from Plzeň. They all contributed with their enthusiasm and support to bring this valuable work of history to a successful finish.

Many thanks to you all!

▲ ▼ **Na sportovním stadionu Sokola Plzeň I se konaly velké branné hry NSDAP, kde mezi sebou soutěžili v bojových disciplínách vojáci Wehrmachtu, příslušníci SA a německé policie (1942).**
The Wehrmacht, SA and German police competitors participating in the NSDAP mass Combat Competition in Plzeň Sokol Stadium in 1942.

▲ **Hnědé košile v ulicích Plzně. Úderné oddíly SA, tvrdá pěst nacistické strany NSDAP, pochodují dnešní Pražskou ulicí (1942).**
Brown shirts in the streets of Plzeň. The SA shock force units, the iron fist of the Nazi party NSDAP, marching through Pražská (current name) Street in 1942.

◀ **Dne 20. 5. 1943 navštívil Plzeň obávaný SS Obergruppenführer, státní ministr, Karl Hermann Frank. Svou návštěvou požehnal přejmenování Klatovské třídy na Třídu Reinharda Heydricha.**

Karl Hermann Frank, the notorious SS Obergrupppenfuehrer and State Minister, visiting Plzeň on the 20th of May, 1943. During his visit, Klatovská Avenue was renamed Reinhard Heydrich Avenue.

▲ **Oddíly fanatické Hitlerovy mládeže Hitlerjugend pochodují se zpěvem po Klatovské třídě na Borech.**

The fanatical Hitlerjugend units marching and singing on Klatovská Avenue in Bory.

▶▲ **Dělostřelci německé branné moci (Wehrmachtu) v kasárnách v Plzni na Borech.**

Wehrmacht Artillerymen in their Plzeň-Bory barracks.

▶ **Vojenská hlídka Wehrmachtu střeží vchod do starobylé plzeňské radnice.**

The Wehrmacht military guarding the Plzeň Old City Hall entrance.

▲ **Konrad Henlein (vpravo) v zasedací síni plzeňské radnice.**
Konrad Henlein (on the right) in the Plzeň City Hall audience room.

▶ ▲ **Největší hitlerovské oslavy zažila Plzeň v září 1943, kdy město navštívil vůdce sudetských Němců Konrad Henlein. Před bývalým učitelem tělocviku defilovalo na náměstí na 1 200 uniformovaných nacistů a vřískot trumpet a víření bubnů bylo slyšet po celém vnitřním městě.**
Plzeň witnessed the largest Nazi celebrations in September 1943, during the visit of Konrad Henlein, the leader of the Sudetenland Germans. 1,2OO uniformed Nazis hailed the former physical training teacher. Their shrieking trumpets and loud drumbeat generated enough noise to be heard throughout the city center.

▼ **Konrad Henlein a generál Georg von Majewski sledují přehlídku před kostelem sv. Bartoloměje. Oba nacisté netuší, že právě v Plzni ukončí v květnu 1945 své životy sebevraždou. Majewski 6. a Henlein 10. 5. …**
Konrad Henlein and Gen. Georg von Majewski watching the military parade in front of St. Bartolomew Church. Neither Nazi was aware that right here in Plzeň their lives would end in suicide in May, 1945. Majewski's on the 6th, and Henlein's on the 10th.

▲ **Obrovská tabule s mnoha siláckými německými hesly vévodila plzeňskému náměstí po celou dobu nacistické okupace.**
   This giant billboard with numerous Nazi propaganda slogans dominated the main square in Plzeň throughout the German occupation.

▼ **V okolí Plzně byla rozmístěna hustá síť stanovišť německé protiletecké obrany , tzv. flaků. Mohutná děla ráže 88 a 105 mm byla obávanou hrozbou pro spojenecké bombardovací letce.**
   A dense German flak network established in the vicinity of Plzeň, utilizing the feared 88 and 105 mm AA guns represented a real threat to the Allied bomber crews.

▶ ▶ ▼ **Vojáci Wehrmachtu předvádějí svůj pověstný „parademarsch" na Klatovské třídě nad křižovatkou U Práce.**
   The goosestepping Wehrmacht soldiers performing their famous "parademarsch" on Klatovská Avenue at the U Práce intersection.

▼ **Němečtí vojáci pózují na střeše Grandhotelu Smitka (Slovan).**
German soldiers posing for pictures on the roof of the Grand Hotel Smitka (Slovan).

▲ ▼ **Historické plzeňské náměstí bylo během nacistické nadvlády mnohokrát poskvrněno halasnými oslavami nacistických srazů a přehlídek hitlerovských vojsk. Čeští obyvatelé Plzně tyto akce v drtivé většině ignorovali.**
During the Nazi rule, Plzeň's historical main square was tainted many times by the loud celebrations accompanying Nazi meetings and their military parades, yet the overwhelming majority of Plzeň Czech inhabitants ignored them.

▶ ▼ V noci 17. 4. 1945 provedly britské bombardéry ničivý nálet na plzeňské seřaďovací a osobní nádraží. Bylo zničeno 60 km kolejí, 2 000 vagónů naložených vojenským materiálem a 85 lokomotiv.

On the night of April 17th, 1945, the British bombers carried out a destructive air raid on the Plzeň main railroad station. 60 km of railroad track, 85 engines and 2,000 railroad cars carrying military supplies were destroyed.

▲ ▼ Dne 18. 4. 1945 se uskutečnil neúspěšný nálet na seřaďovací nádraží v Plzni-Koterově. Z důvodu silné střelby flaků odhodily americké bombardéry svůj náklad předčasně a zničily mnoho domů na Slovanech a Petrohradě.

On the 18th of April, 1945, the service railroad station in Plzeň-Koterov was the target of a failed air raid. The intensive flak fire forced the American bombers to drop their bombs too soon and many houses in Slovany and Petrohrad were destroyed.

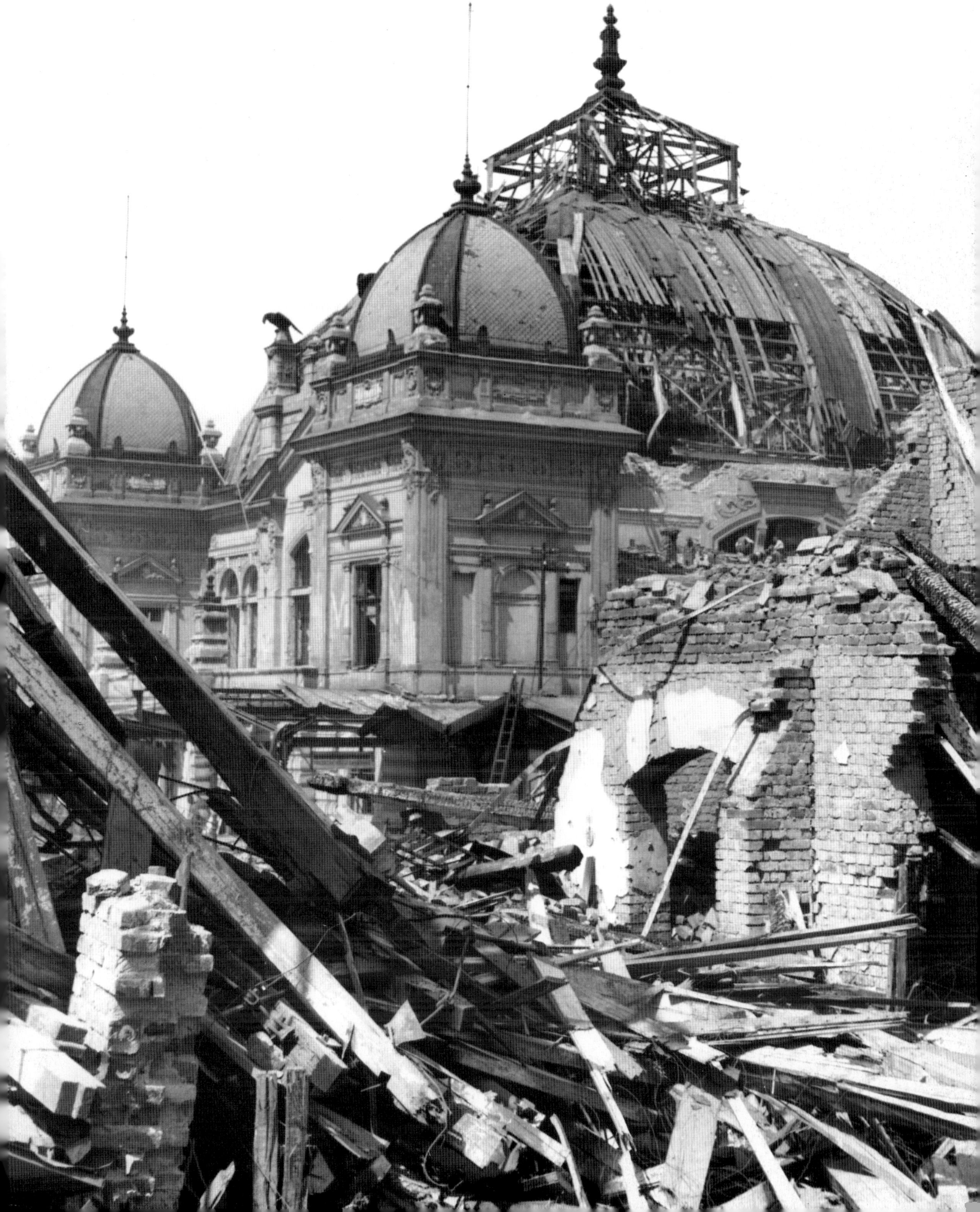

■ **25. 4.** napadly bombardéry B-17 americké 8. letecké armády plzeňskou zbrojovku Škodovy závody a borské letiště. Akce trvala od **10.23** do **11.16** hodin a byla provedena z výšky **6 500 m**. Shozeno bylo **588 tun** tříštivých a **127 tun** zápalných bomb.

On the 25th of April, 1945, from 10:23 to 11:16 a.m. the B-17 bombers of the U.S. 8th Air Army targeted the Plzeň Škoda Works and the Bory airfield, dropping 588 tons of high explosive and 127 tons of incendiary bombs from an elevation of 6.500 m.

◀ ▼ Během náletu na Škodovku bylo zničeno předměstí Skvrňany, které 25.4. zažilo svůj čtvrtý nálet během války. Staré Skvrňany už nebyly obnoveny a jejich obyvatelé byli na konci srpna 1945 přesídleni do Červeného Újezda.

Skvrňany, the suburb destroyed during the air raid targeting the Škoda Works experienced four air attacks in the course of the war. Old Skvrňany was not rebuilt and by the end of August 1945, all the inhabitants were relocated to Červený Újezd.

▲ Americké letectvo ztratilo nad Škodovkou 11 letadel, 6 po zásahu protiletadlového dělostřelectva a 5 dalších strojů bylo poškozeno jinými příčinami.

The U.S. Air raid on Škoda works resulted in the loss of 11 planes over the target, 6 of them due to the flak fire and 5 due to other causes.

Povstání v Plzni, 5. května 1945

V Plzni, těžce poškozené mnoha nálety spojeneckých leteckých svazů, bylo na konci dubna ve směru od Tachova slyšet dunění blížící se fronty. Na většině míst se už nepracovalo a doprava byla zcela ochromena. Poloprázdnými ulicemi projížděla jen německá vojenská auta, dopravující potřebný materiál bojujícím armádám na západě.

1. května večer kolovaly Plzní zprávy o tom, že Hitler v Berlíně padl, většina lidí tomu ale nevěřila. V dalších dnech panoval ve městě zvláštní napjatý klid, na úředních německých budovách visely nacistické vlajky na půl žerdi a lidé měli obavy ze všemocného gestapa. Mluvilo se o zatýkání a hledání zbraní po bytech.

Ozbrojené vystoupení proti nacistické nadvládě bylo v protektorátu určeno na 7. května, ale situace se nakonec vyvíjela úplně jinak.

V Praze už 4. května na některých místech mizely první německé firemní štíty, byly strhávány dvojjazyčné orientační tabule, lidé ničili nacistické vlajky a po šesti letech zavlály československé prapory.

V Plzni byla obdobná situace. V noci ze 4. na 5. května se na policejní stanici ve Veleslavínově ulici shromáždilo několik policejních důstojníků, aby vyslechli hlášení strážmistra Daňka, který všechny ihned po návratu z Prahy informoval o tamní dramatické situaci. K ránu se policisté rozešli na základě instrukcí do ulic, aby pozorovali situaci a informovali Plzeňany. Dělníky, kteří se kolem páté ranní sjížděli na kolech do práce, policisté vraceli s tím, že začal převrat.

Pražský rozhlas zahájil své vysílání pověstnou větou: *„Je sechs hodin!"* Od toho okamžiku se vysílá téměř výhradně česky.

Ranní zprávou sobotního dne byla informace o začernění tabule Polizeipresidium v Kopeckého sadech. Ve vnitřním městě docházelo po ránu ke strhávání německých firemních štítů, civilisté začali napadat osamělé Němce a útočit na německé obchody. Stále více lidí mělo na svých kabátech československé trikolory. Policejní hlídka z Roudné jako první odzbrojila před Saským mostem malý německý nákladní automobil s vojenskou posádkou a získala tak osm pušek se střelivem. Kolem deváté hodiny se šířily nepravdivé zprávy, že americké jednotky jsou už v blízkosti Plzně a jejich tankový útok bude oznámen opakovaným houkáním sirén. Pod Záhorskem se skupině povstalců dobrovolně vzdala posádka padesáti mužů protiletecké baterie.

Na Saském mostě byl za nevyjasněných okolností zastřelen civilista. Podezřelý nadporučík SS byl po zadržení později propuštěn zpět do kasáren, když se dokázalo, že ke střelbě došlo z jedoucího německého nákladního auta.

Četnické stanice z kraje hlásily podobné zprávy, strhávání německých nápisů a firemních štítů, první pokusy o osvobození. Na budově kavárny Slavie a věži kostela sv. Bartoloměje zavlály po šesti letech československé státní vlajky. Před radnicí se utvořil dav několika stovek lidí, kteří zpívali československou hymnu a později pochodovali ulicemi. Po okolo jedoucích nákladních německých autech házeli rozhořčení povstalci kamení. Další skupina lidí zaútočila na náměstí Republiky na nenáviděnou obrovskou propagační tabuli s nápisem „Führer befiehl, wir folgen!" Po té, co byl monument zapálen, několik německých vojáků zahájilo střelbu do přihlížejících Plzeňanů. Byli první ranění.

Na Klatovské třídě se pokusila revoluční hlídka s malým nákladním automobilem a československou státní vlajkou projet násilím kolem ozbrojené německé stráže před budovou komandantury. Německý voják auto i s posádkou chladnokrevně odpálil pancéřovou pěstí. Na místě zahynuli tři lidé, další byli zraněni. Po tomto tragickém incidentu obležel rozvášněný dav vchod komandantury a napjatou situaci musel řešit sám vojenský velitel Plzně von Majewski. Uklidnění nepřinesla ani jeho nervózní vystoupení před vraty, uprostřed Plzeňanů.

Mezitím skupina civilistů vnikla na radnici a po mnoha zmatcích došlo v 10.45 hodin k převzetí moci revolučními silami. Vrchní starosta, SA Sturmführer, dr. Walter Sturm se svým zástupcem Wildem byli nuceni odevzdat svůj úřad. Do čela Revolučního národního výboru se postavil Jindra Krejčík. Bylo nutné ihned začít jednat s vojenským velením, aby se zabránilo krveprolití v ulicích. Sám vyděšený Sturm se nabídl, že zprostředkuje jednání s německým velením branné moci.

Po dvouhodinovém jednání na německé komandantuře na Klatovské třídě, kde zástupce Národního výboru dr. Karla Křepinského přijal rozrušený vojenský velitel Plzně generál Georg von Majewski, byl v dusné atmosféře dohodnut další postup. Obě strany se přely o to, kdo je pánem města. Křepinský byl po poledni propuštěn pod podmínkou, že dojde k dalšímu jednání s konkrétními závěry.

Velký význam pro průběh a informovanost při povstání mělo ranní obsazení vysílače pro hlášení letových zpráv na soutoku řeky Radbuzy a Mže. Skupina českých policistů včas zabránila vyhození vysílačky do povětří, když zajala oddíl německého velitele Kleinerta. Podařilo se zajistit i důležité příchody k vysílači a dálkový kabel na Prahu! Ve 12.35 hodin se ozvala v éteru zpráva: *„Hovoří Plzeň, svobodná Plzeň hovoří. Voláme vás občané města Plzně a celých západních Čech. Oznamujeme vám, že jsme se zbavili nadvlády Němců a jsme svobodní!"* Situace byla napjatá a obsah hlášení měl obrovský význam pro další vývoj událostí.

V kasárnách čekalo na další rozkazy 7 000 vojáků Wehrmachtu, kolem Plzně byly z východu a jihu hlášeny pohyby Schörnerových divizí. Co mohli udělat příslušníci SS, zfanatizovaní členové Volksturmu, německého četnictva a konečně Hitlerjugend, nemohl nikdo předpokládat. Bylo přerušeno telefonické spojení s německým velením, v ulicích se pohybovaly neorganizované skupiny civilistů, docházelo k dalším provokacím a odzbrojování německých vojáků. Na dlažbě ulic leželi mrtví. U Velkého divadla byli zastřeleni dva civilisté a po poledni byl zákeřně z oken pětatřicátých kasáren zastřelen četnický podstrážmistr Strádal. Napětí stoupalo s každou minutou!

Ve smutně proslulé budově plzeňského gestapa na nábřeží se ukrývalo několik desítek jeho příslušníků. Jejich šéf Fischer dostal instrukce od generála Majewského, z budovy měl být zbudován důležitý opěrný bod, který měl být hájen až do posledního muže.

Revoluční síly disponovaly silou asi šestiset ozbrojených povstalců a důležitými oddíly ozbrojené české policie, ale stále chyběly další zbraně a munice. Ve městě byly rozmístěny mnohdy neozbrojené hlídky a v okolí Plzně docházelo k odzbrojování německých posádek protiletadlového dělostřelectva, což se neobešlo bez konfliktů a střelby. Například u Ústředního hřbitova vojáci své stanoviště flaků s kulometným hnízdem vyhodili krátce po 14. hodině do povětří a prchli. Oddíly povstalců vnikly do několika vojenských objektů a skladišť, aby získaly tolik potřebné zbraně. Tak se stalo například na Bručné, v Černicích nebo u Světovaru.

Po šestnácté hodině došlo na německé komandantuře k dalšímu jednání už tříčlenné delegace Národního výboru ve složení dr. Hrbek, dr. Křepinský a kapitán Šašek. Před večerem bylo dohodnuto křehké příměří. Hlavními podmínkami von Majewského bylo, že bezpečnost jeho vojska nebude ohrožena, budou vráceny ukořistěné zbraně a německým civilistům budou uvolněny výpadové cesty do Sudet. Jedině tehdy německá strana předá civilní správu NV. Česká strana naopak lživě tvrdila, že je ve spojení s Eisenhowerovým štábem a že disponuje silou 20 000 ozbrojených členů Národní stráže a Revolučních gard. Po více než dvou hodinách se obě strany rozešly. Vedení povstání začalo hrát velkou hru na čas.

Mezitím vyjížděly z Plzně spojky se žádostmi o okamžitou pomoc k předsunutým jednotkám americké armády ve směru na Domažlice, Klatovy a Tachov. Někteří odvážlivci za toto hrdinství zaplatili svým životem nebo byli přivezeni zpět ranění. Úspěch se nakonec dostavil ve směru od Tachova, kde operovaly tankové průzkumy 16. obrněné divize. Vedení povstání byl přislíben ranní postup na Plzeň.

K večeru začala německá strana posilovat své pozice. Druhý den měl zvrátit celou situaci. Pod pláštěm hluboké sychravé noci byl obsazen od Lochotína prostor kolem Saského mostu, od Slovan postupovaly další jednotky až k čáře hlavního vlakového nádraží. V noci se němečtí vojáci přiblížili po Klatovské třídě k divadlu a gestapáci obsadili vilu před Měšťanským pivovarem. Bylo napadeno stanoviště vysílačky. V okolí Kozolup se pohybovalo větší množství nacistických tankových jednotek. Zkušené oddíly SS se nenechaly zaskočit novou situací a už v podvečer utvořily v centru města několik kulometných hnízd, jedno z nich přímo před budovou hlavní pošty. Tu Němci nečekaně obsadili.

Plzeň se připravovala na neklidnou noc. Na radnici vládla stísněná nálada, nikdo z vedení povstání netušil, co přinese další den! Vysílač přerušil své vysílání, z rozhlasu jen zoufale volala o pomoc bojující Praha.

Netrpělivý von Majewski urgoval telefonicky radnici a začal vyhrožovat tvrdou odvetou. Hra na čas a kličkování Národního výboru skončila.

Za svítání oznámil Londýn, že od Západu začala americká armáda mohutný postup ve směru na Plzeň. Za hodinu byly hlášeny kolony tanků u Stříbra, naštěstí bylo potvrzeno, že jsou to Američané. Kolem sedmé hodiny ranní telefonoval Majewski na radnici naposledy. Jeho požadavek jednat s americkým velitelem pod hrozbou okamžitého zahájení boje byl po telefonu odražen s tím, že tanky jsou na předměstí Plzně a že už není o čem jednat. Německému velení zbývala jen kapitulace!

Během povstání v Plzni zahynulo osmnáct bojovníků a téměř padesát jich bylo zraněno.

The Plzeň Uprising - May 5th, 1945

In Plzeň, which was heavily damaged by several Allied air raids, by the end of April, from the direction of Tachov, you could hear the hum and rumble of the approaching front. In most places people were not working anymore and the transportation system was completely paralyzed. Only the German military trucks supplying the army on the Western front moved through the half empty streets.

On the evening of May 1st, rumors about Hitler's death in Berlin were being spread, but most of the people doubted it. The following days were filled with a tense quietness. The Nazi flags on German institutional buildings were put at half mast, yet the people still feared the almighty Gestapo. Rumors abounded concerning arrests and intensive apartment searches for weapons.

The armed uprising against the Nazi authority was set to start on May 7th throughout the Protectorate, however the situation took a completely different turn.

At some places in Prague, already on the 4th of May, the first German store inscriptions and dual-language signs were torn down. People destroyed the Nazi flags and after a six year pause the Czechoslovak banners went up again.

In Plzeň the situation was similar. During the night from the 4th to the 5th of May, several police officers assembled in the Veleslavínova Street Police Station for a briefing by Sgt. Daněk, an eyewitness to the dramatic events taking place in Prague that day. In the early morning hours the policemen dispersed to patrol the streets, monitor the situation, and inform the public according to new instructions. Workers on bicycles heading for their morning shift were turned back by the police, and informed that a state overthrow was in full progress.

Radio Prague went on air, broadcasting the legendary sentence, *"The time is » sechs « o'clock!"* From now on, the time will be announced exclusively in Czech.

The morning news reported the blackout of the Polizeipresidium sign in Plzeň Kopeckého Sady city park. That morning the downtown German store inscriptions were torn down. The angry civilians attacked German stores and even German individuals. More and more people put the Czech tricolors on their overcoats.

The police patrol in the neighborhood of Roudná was the first to act by disarming the crew of a German military pickup truck on the Saský bridgehead, capturing eight rifles with ammunition in the process. Around 9 a.m. some untrue rumors reported American units already approaching the outskirts of Plzeň. Their tank attack was supposed to be announced by a repeated siren blast. In the Pod Záhorskem area a flak battery crew of fifty men surrendered to a group of insurgents.

On the Saský bridge a civilian was shot to death under unclear circumstances. An SS First Lieutenant was apprehended, but after questioning, he was released to his barracks when it was proven the shots came from a passing German truck.

The country police reports were similar. Tearing down German orientation signs and store inscriptions marked the first attempts of self-liberation.

On the Slavia Café building and the St.Bartolomew Church tower on Republic Square, Czech flags were raised again after a lapse of six years. In front of the City Hall, a crowd of several hundred assembled, singing the Czech National Anthem and marching through the streets. The passing German trucks were stoned by the embittered crowd. Another group of people on Republic Square set afire the hated giant billboard which proclaimed "Fuehrer befiehl, wir folgen!" With the billboard ablaze, several German soldiers opened fire on the crowd of local people. These were the first wounded on the Square.

Another incident took place on Klatovská Avenue when revolutionary guards in a pickup truck carrying a Czech flag tried to force their way through the armed German troops guarding the Kommandantur building. One German soldier destroyed the pickup and the crew with a Panzerfaust bazooka shot. Three people were killed on the spot, more were injured. Following this tragic incident the angry crowd besieged the Kommandantur building. The tense situation was supposed to be solved by the Military Commander of Plzeň, Gen. Georg von Majewski himself. However, even his personal appearance in front of the gate facing the raging crowd failed to calm the situation in town.

Meanwhile, a group of civilians entered the City Hall and after much misunderstanding these Revolution leaders took over the civilian authority at 10:45 a.m. The City Mayor, Dr. Walter Sturm and his deputy, Mr. Wild, were forced to resign. The new Revolutionary National Committee headed by Mr. Jindra Krejčík immediately opened negotiations with the German Military Command, in order to prevent any possible bloodshed in the streets. The fearful Sturm himself offered his services as a go-between.

This resulted in a two hour long negotiation between the National Committee representative, Dr. Karel Křepinský, and the angry German Military Commander of Plzeň, Gen. Georg von Majewski, in the German Kommandantur building on Klatovská Avenue. With tension in the air, further procedures were finally agreed upon, but both sides disputed the issue of who would be legally in charge. In the early afternoon Křepinský was released under the condition that further negotiations leading to a real deal would follow.

Very important for spreading information about the uprising was the morning takeover of an air control radio transmitter located on the confluence of the Radbuza and Mže rivers. A party of Czech policemen saved the transmitter by preventing the planned destruction of the site by explosives. Just in time they captured the whole signal detachment including Kleinert, the German Commander. They also saved the most important transmitter service links, including the long distance phone cable to Prague. From here a message was broadcasted at 12:35 p.m.: *"This is Plzeň, the free Plzeň calling. We call on you, the citizens of Plzeň and all of West Bohemia. We want to let you know that we have ended the German oppression and from now on we are free!"* The situation was very tense and this radio message was crucial for the subsequent flow of events.

About 7,000 Wehrmacht troops of the Plzeň garrison awaited orders in their barracks. Schoerner's divisions were reported to be closing on Plzeň from the East and South and no one could predict what the SS, the notorious Nazi Volksturm members, the German Country Police, or the fanatical Hitlerjugend would do. The phone link from the barracks to the German command was cut by the Czechs. The streets were full of various restless civilian groups. Reports about more provocation and the disarming of German soldiers reached the German command. There were dead bodies laying in the streets. At the Grand Theater two civilians were shot to death. In the early afternoon a cowardly sniper fired from the windows of the 35th Regiment's barracks. The shot killed police officer Strádal on the spot. The tension grew with every passing minute.

The infamous Plzeň Gestapo building on the riverbank was occupied by several dozen Gestapo members including three women. The Gestapo Chief Fischer got his instructions directly from Gen. Majewski. This building was to be turned into a major fortress and defended to the last man.

The Revolutionary Forces counted about six hundred armed insurgents, backed by the trained units of armed Czech Police. Of course, they still needed many more weapons and ammunition. The patrols positioned in the downtown area moved around mostly unarmed, while on the outskirts of Plzeň most of the weapons were obtained by disarming German flak crews. However, this resulted in frequent clashes, even shootouts. For example, shortly after 2 p.m. the flak crew at the Central Cemetery blew up their flak and machine gun positions and fled. The insurgent units entered several military warehouses and similar installations in order to collect the much needed weapons. Actions of this kind took place in Bručná, Černice, and at Světovar.

After 4 p.m. another negotiation took place in the German Kommandantur building. This time the National Committee was represented by three delegates: Dr. Hrbek, Dr. Křepinský, and Captain Šašek. Before evening a fragile truce was agreed upon. Majewski's main conditions included security guarantees for his troops, return of the captured weapons, and the free passage to the Sudetenland for all German civilians. Only then would the German side transfer the city to the National Committee. The Czech side on the other hand falsely asserted that they were already in touch with Eisenhower's Staff, and that they commanded at least 20,000 armed men from the National and Revolutionary Guards. After more than two hours of negotiation both parties separated. It was clear that the leaders of the Uprising were playing for time.

Meanwhile, the Plzeň insurgents were gathering much needed help by sending out sentries in the direction of Domažlice, Klatovy, and Tachov. They were trying to reach the advancing U.S. Army units with an urgent plea for immediate action. Some of those who dared to enter the enemy-held Sudetenland paid for their bravery with their lives or were brought back wounded. The mission was finally successfully accomplished in the direction of Tachov, where the tank units of the 16th Armored Division were operating. The leaders of the Uprising were promised that a swift American advance to Plzeň would take place in the first hours of the following morning.

Before evening the German troops started to reinforce their positions. The following day was supposed to bring a complete reversal of the overall situation. Under cover of the cold gloomy night, the whole area from Lochotín to the Saský bridge was occupied and from Slovany additional reinforcements were moved to the main railroad station line. During the same night more German troops moved along Klatovská Avenue almost to the theater, while the Gestapo occupied the mansion in front of the City Brewery. The area around the radio transmitter came under attack, too. Around Kozolupy numerous Nazi tank units were reported to be on the move. The experienced SS units were not going to be easily taken by surprise by the things developing around them. They positioned several heavy machine guns in firing position toward downtown. One of those guns was guarding the front of the Main Post building, which had just been seized by the Germans after a surprise attack.

Plzeň was preparing to spend a restless night full of nervous tension. In the City Hall the mood was gloomy. None of the leaders of the Uprising could predict what the following day might bring. The local radio transmitter broadcast was interrupted. Only in desperately fighting Prague, was the radio still on the air. Majewski was running out of patience. His repeated threatening calls to City Hall promised heavy retribution and revenge. Daybreak could bring an end to the almost gained liberty. It was clear that the stall tactic, which the National Committee played in order to gain time, was over.

At daybreak Radio London announced that the U.S. Army had started a major push from the West in the direction toward Plzeň. In just one hour the first tank columns were reported close to Stříbro. Fortunately, it was soon confirmed that this time it was, positively, the expected Americans. Around 7 a.m. Majewski called City Hall for the last time requesting immediate negotiation with the American Commanding Officer or he would start fighting. His request was rejected on the phone, by pointing out that the Americans were already on the outskirts of Plzeň and there was nothing to negotiate anymore. There was only one option open to the German Command - unconditional surrender!

In the course of the Plzeň uprising eighteen insurgents lost their lives and almost fifty were injured.

▲▲ **5.5.1945** - plzeňské náměstí Republiky se stává centrem povstání. Z oken budovy radnice visí obrovské trikolory v národních barvách. Nad hlavami davu se objevuje prezidentská vlajka - symbol státní samostatnosti Československa.

5.5.1945 - Republic Square in Plzeň was the centerpoint of the uprising. Huge national tricolors were hung from the windows of the City Hall. The Presidential Flag symbolizing the Czechoslovakian state sovereignty is waved by the crowd.

▲ Ve vzrušené atmosféře dochází k útokům na německé obchody, Češi napadají v ulicích Němce a jejich pomahače.

In the air of excitement the Czechs attack German individuals in the streets, their agents, and the stores they own.

◀ Povstalci odstraňují nenáviděnou nacistickou orlici z budovy tzv. hnědého domu, krajského sekretariátu NSDAP, v Husově ulici.

Czech insurgents removing the hated German eagle from the so called "Brown House", the seat of the regional NSDAP headquarters on Husova Street.

▲ **Na jižní straně náměstí Republiky byla zapálena obrovská propagační tabule. Hrozil krvavý střet civilistů s německými silami přímo v ulicích města.**
On the southern side of Republic Square, a huge propaganda billboard was set ablaze. A bloody clash between the German forces and civilians in the streets became imminent.

▼ **Skupina německých vojáků zahájila na náměstí střelbu do řad povstalců. Na nákladních vozech byli uloženi první ranění civilisté.**
In Republic Square a group of German soldiers opened fire on the insurgent crowd. The first wounded civilians were evacuated by trucks.

▶ ▼ **V centru Plzně, v legendárních kasárnách 35. pěšího pluku, čeká na další rozkazy několik tisíc vojáků Wehrmachtu.**
Several thousand German troops were awaiting orders in the legendary 35th Infantry Regiment Barracks in downtown Plzeň.

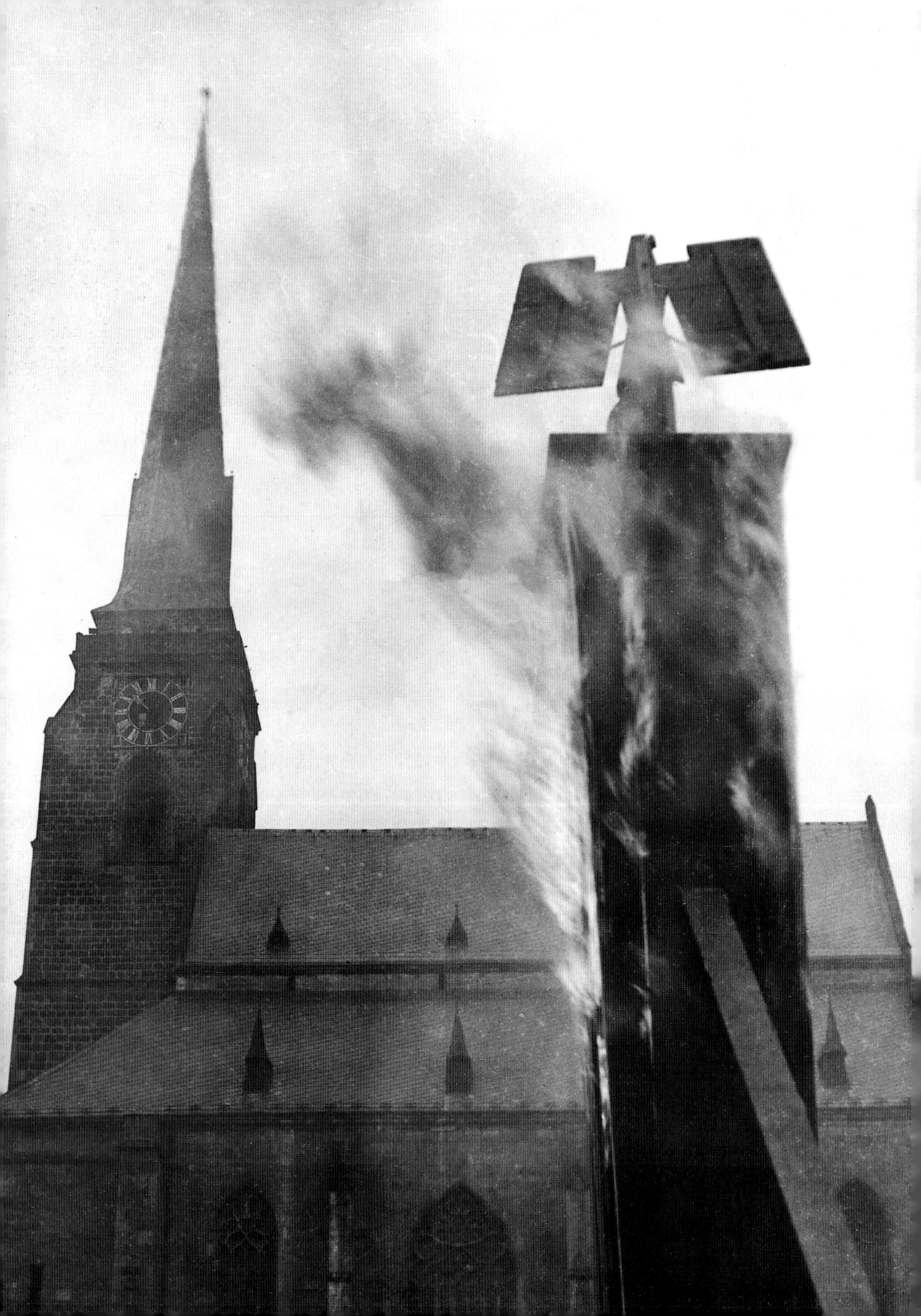

▲ **V ulicích města dochází k dramatickým střetům s konfidenty gestapa.**
  Gestapo agents are attacked in the streets.
▶ ▲ **Veleslavínovou ulicí vede skupina povstalců spoutané zrádce a německé přisluhovače.**
  Insurgents in Veleslavínova Street are taking traitors and German collaborators in custody in chains.
▼ **V atmosféře napětí je zatýkán příslušník německých tankových vojsk.**
  A German tank trooper is apprehended during a tense discussion.

▲ **Povstalci se snažili získat zbraně všemi možnými způsoby, jednou z možností bylo odzbrojit obsluhu protiletadlové dělostřelecké obrany.**
Insurgents tried to obtain weapons by any means possible, for example, by disarming a flak crew.

▼ **Automobil, který byl během revoluce používán Revolučním národním výborem jako důležitá moto-spojka.**
The Revolutionary National Commitee used this car to deliver messages.

▶ ▼ **Zranění byli i na německé straně, ta se v prvních hodinách povstání nezmohla na větší odpor.**
In the first hours of the Uprising, the German side failed to provide much resistance, but had its share of wounded, too.

▲ **Na Klatovské třídě, na křižovatce U Práce, byly zničeny německé ukazatele směrů.**
Destroyed German orientation signs at U Práce intersection on Klatovská Avenue.

▶ **Povstalecký vůz po zásahu německou pancéřovou pěstí.**
This insurgent pick-up truck was hit by a German Panzerfaust bazooka.

▼ **Na křižovatce u Velkého divadla byli před polednem zastřeleni dva civilisté, student Dufek a úředník Trnka.**
Before noon two civilians were shot to death at the Grand Theater intersection. Dufek, a student, and Trnka, a clerk.

▶ ▼ **Rozvášněný dav obklopil budovu německé komandantury na Klatovské třídě.**
The German Kommandantur building, on Klatovská Avenue, under siege by the enraged crowd.

Plzeň 6. května 1945, 8.15 hodin

Dne 4. května ve 22 hodin dostal velitel V. sboru generálmajor Huebner rozkaz od velitele 3. armády generála Pattona, aby společně s XII.sborem obnovil útočné operace v západních Čechách. V plzeňském směru měly začít své bojové akce válkou ostřílené 2. a 97. pěší divize.

Byla to právě 97. pěší divize, která za pomoci části 1. pěší divize dobyla 26. dubna po dvoudenních těžkých bojích Cheb, ztratila tu 46 mužů a téměř 150 bylo raněných. Její vojáci obsadili i Františkovy Lázně a Tachov.

Do sestavy V. sboru byla ve večerních hodinách přiřazena nově nasazená 16. obrněná divize brigádního generála Johna L. Pierce. Divize se vylodila ve francouzském Le Havru v únoru roku 1945 a počátkem května přes Norimberk, Wasserburg a Waidhaus nasměrovala své obrněnce do prostoru Boru u Tachova. Tanky této divize měly 6. května projet postupujícími pěšími jednotkami a co nejrychleji dosáhnout po silnici I. třídy ve směru Bor - Stříbro - Plzeň největšího města na západě Československa.

V Plzni 5. května ráno vypuklo povstání a situace se tak značně zdramatizovala. Ve směru na Tachov kontaktoval průzkumné hlídky Jaroslav Stoklasa, spojka, žádající americké pluky o rychlou pomoc Plzni. Tvrzení, že vedení povstání má celou situaci pod kontrolou, bylo však poněkud nadnesené. Bojové velitelství 16. obrněné divize přislíbilo rychlý postup na Plzeň a to i za cenu toho, že vojáci posledních sedm nocí prakticky nezahmouřili oka. Jednomu ze tří bojových velitelství divize, Combat Command „B" (tanková obdoba pěšího pluku) velel sympatický plukovník Charles H. Noble. Na čelo tohoto prvního bojového útvaru byla určena rota „B" 23. jízdní průzkumné eskadrony.

6. května 1945 v 5.30 hodin vyrazila z Boru u Tachova vpřed kolona obrněných, šestikolových průzkumných vozů M8 Greyhound, doplněná jeepy a lehkými tanky M24 Chaffee. Za nimi jel velitelský jeep plukovníka Nobleho, obrněná pěchota, střední tanky Sherman, prapor samohybných děl M7 a další technika. Celkem se územím Sudet za chladného sychravého úsvitu přemísťovalo na Plzeň 2 500 mužů. Bojový útvar „B" jel po celou dobu na čele a měl v akci absolutní přednost.

Jižně pak jelo po improvizovaných cestách stejným směrem bojové velitelství „R" a konečně i velitelství „A", jako rezervy celého mohutného seskupení. Se slabým odporem se „béčko" setkalo jen v prostoru Sulislavi a Kozolup. V 07.45 hodin dosáhli vojáci průzkumné roty 16. obrněné divize nálety zdevastovaného, severozápadního okraje města, Skvrňan.

Američané dobře věděli, že nejedou na obyčejný výlet. Plzeň jako velké město, disponovala početnou, mnohatisícovou posádkou Wehrmachtu, byli tu příslušníci SS, Volksturmu, SA a Hitlerjugend. Ve vzduchu viselo ještě mnoho otazníků.

V noci na 6. května spal z obyvatel Plzně jen málokdo. Všichni se vzrušením a obavami prožívali události předchozího dne, kdy v Plzni vypuklo povstání. Ráno mnohé překvapilo mohutné hučení, připomínající vzdálenou bouři. Byl to však zvuk blížících se tanků. Nervozita se stupňovala, jsou to Němci nebo Američané?

Bylo krátce po osmé hodině, když se ve městě objevily první stroje 16. obrněné divize. Tanky, v jejichž čele jely rychlé šestikolové „emosmičky" přijížděly za sychravého, deštivého počasí od Křimic, Husovou ulicí. Tudy jel první proud vozidel k náměstí Republiky. Plzeňané zpočátku jen váhavě vybíhali ze svých domovů. Strach a nedůvěra byli v každém za šest dlouhých let nastřádány více, než co jiného. Správný směr obrněných strojů řídili pohotově na křižovatkách čeští policisté. Tankisté na ně významně ukazovali a jejich pomoc zdravili zvednutým palcem.

Čelo kolony odbočilo u Velkého divadla doleva do Sadů Pětatřicátníků a pod židovskou synagógou, opět za asistence policie, směřovali Američané Prešovskou ulicí na náměstí. To už zástupy Plzeňanů lemovaly ulice a mávaly přijíždějícímu osvoboditelům. Zmoklí vojáci ve speciálních gumových kabátech, s helmami na hlavách sledovali bedlivě každý dům a byli trochu zaskočeni spontánním uvítáním Čechů. Nebylo zvykem takto dobývat města v západní Evropě.

Byla neděle 6. května, den, na který nikdo z přímých účastníků nikdy nezapomene!

Vzápětí plzeňský vysílač hlásil do éteru památná slova dr. Šindlera: *„Hovoří Plzeň, svobodná Plzeň hovoří. Nechť žije svoboda, nechť žijí naši spojenci. Oznamuji všem obyvatelům Československé republiky, že pancéře 16. divize jsou na náměstí Republiky v Plzni. Viděl jsem na vlastní oči přijíždět pancéře ze západu. Slyšel jsem hukot tankových motorů. Podával jsem ruku americkému důstojníku. Slyšel jsem americký hovor. Po šesti letech nacistické hrůzovlády jsme svobodni. Americké pancéře jsou na náměstí Republiky. Hovoří Plzeň, svobodná Plzeň hovoří. Volám Prahu! Americké pancéře opouštějí Plzeň a jedou směrem na Rokycany. V Praze je možno očekávat čela pancéřů během dvou hodin!"*

Davy lidí zaplnily náměstí a ulice po nichž Američané přijížděli. Všude se ozývaly nadšené výkřiky. „Sláva, nazdar, hurá! Ať žije americká armáda! Ať žije Československá republika!" Desítky a stovky děkovných stisků rukou, polibky a objetí v náručí dívek. Američtí vojáci dávají první podpisy na památku, rozdávají ochotně cigarety, čokoládu a neznámé žvýkačky. Promrzlí osvoboditelé naopak rádi přijímají čaj a buchty. Nezbytným doplňkem osvobození Plzně musel být sud plzeňského piva, čerstvě naražený přímo mezi tanky.

Mladí američtí kluci zcela nechápou to obrovské nadšení, které kolem nich najednou vypuklo a při potřásání rukou jen stále skromně opakují: *„It's O.K. Never mind,"* (To nestojí za řeč).

Mnozí Plzeňané se snažili americké vojáky informovat o tom, že mají pokračovat dále na Prahu. Tam se bojuje a umírají tam čeští lidé! Na některých obrněncích se objevilo křídou napsané heslo PRAHA.

Jeepy, tanky Chaffee a Sherman, mohutná auta Dodge, všechny stroje jsou vyzdobeny kyticemi z čerstvých šeříků, Američanům na uvítanou. Plukovník Noble hned po příjezdu zřídil své velitelství v přízemí starobylé plzeňské radnice. Později se na radnici dostavil i velitel divize brigádní generál John L. Pierce. Celé náměstí jakoby zapomnělo, že je ještě válka. Někteří vojáci se v klidu holili.

Krátce před desátou se začíná něco dít, lidé ve spontánní atmosféře nejdříve nereagují, teprve střelba a okamžité natahování uzávěrů těžkých kulometů je přivádí zpět do tvrdé reality války. Tankisté dostávají do sluchátek zprávu, že se střílí i na dalších místech Plzně. Z věže kostela sv. Bartoloměje a ostatních domů zazněly přerušované série výstřelů. V nastalé panice Plzeňané prchají pryč z otevřeného prostoru náměstí. Každý se snaží ukrýt ve vchodech a sklepích vedlejších ulic, dostat se do bezpečí tmavých chodeb domů a krytů. Na mokrém asfaltu náměstí zůstávají ležet zapomenuté deštníky, tašky, boty, kola. Po necelých dvou hodinách slávy je najednou všechno jinak.

To už Američané ostřelují s rachotem okna a hodiny kostelní věže. Skupina amerických vojáků vyráží na bojovou akci do prostoru kostela, kde se ukrývají nacističtí záškodníci. Tanky projíždějí ulicemi a za pomoci českých revolučních sil likvidují poslední známky odporu. Některé přestřelky jsou velice ostré, ale Američané municí rozhodně nešetří. Kusy zdiva, cihel a rozstřílená skla oken domů dopadají na chodníky. Na ulicích leží stovky prázdných nábojnic od těžkých kulometů Browning.

Skupiny příslušníků Volksturmu, SA, Hitlerjugend, ale i mnoho osamělých německých fanatiků útočí zákeřně z oken domů, vikýřů a kostelních věží. Bojuje se prakticky na všech hlavních třídách a náměstích Plzně. Bojové střety se odehrávají i na chodbách a schodištích uvnitř domů. Po krátké přestřelce se vzdalo 40 gestapáků a vězeňských dozorců v budově plzeňského gestapa. To, že Němci připravovali zákeřnou odvetu, se potvrdilo. V deset hodin dopoledne mělo být v Plzni potlačeno povstání a jak by se v dané situaci zachovala posádka Wehrmachtu, čekající v kasárnách na nové rozkazy, těžko domyslet. Američané svou přítomností zabránili krvavé lázni v posledních dnech války!

Ve 13 hodin si zřídil svůj hlavní stan v Grandhotelu Smitka (Slovan) brigádní generál Pierce.

Dramatické události ještě nekončily. Kolikrát se během dne Američané omlouvali, když vtrhli při likvidaci nacistického odporu omylem do nesprávných bytů a vystrašení nájemníci jim ukazovali, že musí ještě o patro výš.

Během bojů zastavil před budovou německé komandantury na Klatovské třídě polopásový vůz Half-Track se zástupcem plukovníka Nobleho podplukovníkem Percy Perkinsem jr. a seržantem Charlie Peetem. Přijeli sem dojednat kapitulaci vojenského velitele Plzně, generála Georga von Majewského. Celé jednání v prvním patře tlumočil kapitán Wehrmachtu, hovořící výborně anglicky. Von Majewski, který čekal ve velké kanceláři se svým štábem, byl nemile překvapen celou situací a arogantně se Američanů zeptal, co chtějí. Prohlášení, že bude kapitulovat pouze před velícím americkým generálem, Perkins tvrdě odmítl. Kapitulaci převezme jedině on. Majewski věděl, že už během povstání prohrál a ve 14.15 hodin podepsal stručnou kapitulační listinu, narychlo sepsanou Perkinsem na kus papíru, přímo v místnosti. Krátce po podpisu se zlomený německý generál zastřelil svojí osobní zbraní do spánku, i když mu v tom chtěli jeho pobočníci zabránit. Američtí parlamentáři, kteří zůstali naprosto chladní, byli ještě svědky toho, jak zoufalá generálova manželka vzala jeho zakrvavenou hlavu do náručí a snažila se krev otřít ručníkem.

Poslední výstřely padly v centru města po 16. hodině.

V dopoledních hodinách dorazily do Plzně oddíly 3. praporu 386. pluku 97. pěší divize a její příslušníci ještě likvidovali např. na Klatovské třídě, ve směru na Bory, poslední německé záškodníky.

Po celý den čistili Američané město. Dům po domu, sklep za sklepem, dvůr za dvorem. Bylo zajato více než 3 000 fašistů. Před polednem začalo shromažďování zajatých oddílů Wehrmachtu a SS do prostoru náměstí Republiky. Docházelo k dramatickým okamžikům, kdy rozzuření čeští civilisté napadali zajaté německé vojáky a gestapáky.

Celkové bojové ztráty 16. obrněné divize během plzeňské operace byly jeden mrtvý a sedmnáct raněných. Byl zničen jeden obrněný vůz M8.

K večeru, ale především další den 7. května, se už definitivně svobodní Plzeňané vrátili do ulic a západočeská metropole slavila naplno, stejně jako před devíti měsíci Paříž, čerstvě nabytou svobodu! Byli to obyvatelé těchto dvou měst, kteří na evropském kontinentě přijali americké vojáky s největší vřelostí a láskou. Tento historický fakt přiznalo i nejvyšší americké vojenské velení.

Plzeň - Liberation - 6th of May 1945, 8.15 a.m.

On May 4th, at 10 p.m. Major General Huebner, Commander of V Corps, received orders from General Patton, the Third Army Commander, to resume the general advance into West Bohemia in a joint operation with XII Corps. The war seasoned 2nd and 97th Infantry Divisions were to initiate combat operations and advance in the direction of Plzeň. It was the 97th Infantry Division, assisted by some 1st Infantry Division units, which took Cheb on April 26th after two days of heavy fighting with casualty figures of 46 killed and almost 150 wounded. Later on, the soldiers of the same division took Františkovy Lázně and Tachov as well.

In the evening, the combat formation of V Corps was reinforced with the freshly deployed 16th Armored Division under Brigadier General John L. Pierce. This division had landed in Le Havre, France in February 1945, and by early May had advanced through Western Europe up to the Bor u Tachova area via Nuremberg, Wasserburg and Waidhaus. It was the 16th Armored Division, which, on May 5th, was supposed to move ahead, bypassing the slower infantry units. Utilizing the first rate highway on the Bor-Stříbro route, the objective was to reach and take Plzeň, the largest city in West Bohemia.

That plan was complicated by the outbreak of the uprising in Plzeň on the morning of the 5th May, which substantially compromised the overall situation. In the direction of Tachov, a Plzeň insurgent sentry, Mr. Jaroslav Stoklasa, contacted the American reconnaissance patrols and asked for immediate help in Plzeň. His claim that the leaders had the situation in Plzeň under control was, in fact, somewhat exaggerated. In any case, the 16th Armored Division promised swift action to help Plzeň in spite of the fact that the soldiers had no sleep or rest for the last seven days and nights. One of the three Combat Commands, the "B" (the armor equivalent of an infantry regiment), under the sympathetic Colonel Charles H. Noble, acted quickly. Company B of the 23rd Cavalry Reconnaissance Squadron jumped into action, spearheading the Task Force.

On May 6th, 1945, at 5:30 a.m., a column of six-wheeled M 8 Greyhound reconnaissance APCs headed out from Bor u Tachova supplemented by jeeps and M 24 Chaffee light tanks. They were followed by Col. Noble's jeep, the armored infantry, the M 24 Sherman medium tanks, a battalion of the M 7 self propelled howitzers, and other combat hardware and equipment. Throughout the West Sudetenland territory all of the 2,500 men of the Combat Command "B" were on the move to Plzeň on that cool wet daybreak. Troop B of the 23rd Cavalry continuously moved ahead in front of this assembled combat force and was given top priority at all stages of the mission.

In the south, two other Combat Commands, the "R" and the "A", moved forward on improvised roads in the same general direction, operating as a reserve for the main attack formation. Only at Sulislav and Kozolupy did the "B" encounter weak resistance. Already at 7:45 a.m., the reconnaissance troops of the 16th Armored Division reached Skvrňany on the northwestern outskirts of Plzeň, still devastated by earlier air raids.

From the start the American soldiers were very much aware of the danger they were up against. They knew that this was going to be no picnic. Plzeň was reported to be a large city with a garrison of several thousand experienced Wehrmacht troops. There were also units of the SS, Volksturm, SA, and Hitlerjugend in and around the city. What would they do? Many more questions needed to be answered.

On the night before May 6th, only a few people in Plzeň were asleep. They were all still excited over the events of the uprising which took place during the day. Then, in the early morning, even the few sleepers became aware of a mighty rumble, sounding like a distant thunderstorm. But no, this was the sound of approaching tanks! Nervous tension escalated quickly. Who are they this time, the Germans or the expected Americans?

Just after 8 a.m. the first vehicles of the 16th Armored Division entered the city. In cold rainy weather the tanks appeared one by one, steadily coming closer from the direction of Křimice along Husova Street. In this way, the main column of vehicles moved toward Republic Square. At first, the people were somewhat hesitant to leave their homes. The fear and mistrust they had come to learn for six long years of occupation was stronger than anything else. This resulted in a somewhat odd situation when the tanks were directed through the downtown intersections to the main Square by the Czech (enemy?) police! The Americans rewarded this friendly assistance effort with the thumbs up sign. The head of the column turned left at the Grand Theater onto 35th Reg. City Park and from there the Americans proceeded in front of the Jewish Synagogue to Prešovská Street leading right to Republic Square. At this time the sidewalks were already crowded, and the joyful citizens greeted, waved and cheered their incoming liberators. The tired soldiers, in their helmets and special rubberized overcoats, still wet from the morning rain, carefully watched every house and were somewhat puzzled by the spontaneous Czech welcome. They were not used to this way of taking a city in Western Europe!

It was Sunday, the 6th of May - a day no participant or witness of the action will ever forget.

Right after the Americans first appeared in Plzeň, the local transmitter went on the air again with the legendary words of Dr. Šindler: *"This is Plzeň, the free Plzeň calling. Long live our freedom, long live our Allies! Hereby I announce to all inhabitants of the Republic of Czechoslovakia that the tanks of the 16th Division are on Republic Square in Plzeň. I am an eyewitness of their arrival from the West. I heard the rumble of the tank engines. I shook hands with an American officer. I heard the conversation in American English. After six years of the Nazi rule of terror we are free again. American armored vehicles are standing on Republic Square. This is Plzeň, the free Plzeň calling. I am calling on Prague! The American armor is leaving Plzeň for Prague and is heading for Rokycany now. There is a good chance to expect the leading tanks in Prague in just a couple of hours!"*

Crowds of people filled Republic Square and all the surrounding streets in order to welcome the arriving Americans. Enthusiastic calls of excitement and joy "Long live the American Army! Cheers, Welcome, Hooray! Long live the Republic!", could be heard from all sides. There were hundreds of handshakes, kisses and embraces from smiling girls. American soldiers were signing their first autographs, giving people cigarettes, chocolate, and the unknown chewing gum. In return, they gladly accepted some hot tea and cakes to counter the cold from the rainy weather. In no time the first barrel of the original, genuine, Pilsner beer was rolled out and opened on the spot. "Cheers to our liberators!"

Many of the young American boys were amazed and did not fully understand the wild enthusiasm around them, and, while shaking hands with the cheering people, they answered the avalanche of non-stop thanking with a simple, *"You're welcome. It's O.K. Never mind!"*

Many people in Plzeň tried to inform the American soldiers that they should keep going and proceed to Prague. It was there, where the fighting was still going on, and there where Czechs were dying! On some tanks a chalk written message "PRAHA" appeared.

The Chaffee and Sherman tanks, jeeps, the massive Dodge trucks, and other vehicles were decorated with fresh cut lilacs to welcome the Americans. Colonel Noble established his headquarters in the City Hall right after his arrival. Later on, even the Division Commander, Brigadier General John L. Pierce arrived in the old City Hall. In jubilation, the whole square seemed to forget that the war was not yet over. Some soldiers became comfortable and started to shave for the sake of the ongoing festivities.

Suddenly, right before 10 a.m., something started to happen. In the prevailing mood of excitement the people did not react at first. Only the sound of shots being fired and the loading clicks of heavy machine gun receivers brought them back to wartime reality. In their headphones the tank crews were hearing that even in other Plzeň locations live fire was in progress. The shots were fired in irregular bursts from the tower of

St. Bartolomew church and other nearby buildings. People began fleeing the open square in panic. Everybody tried to take cover in the cellars and side street entrances and hide in dark house entries. Forgotten umbrellas, handbags, shoes, bicycles, etc. were left behind on the wet pavement. After barely two hours of cheering freedom, everything seemed to be just the other way around.

The Americans immediately opened fire on the tower clock and windows with heavy machine guns. The attack squad jumped into action in order to flush out the Nazi snipers from the church building and tower. The tanks swept the nearby streets for the last remaining signs of resistance with the Czech revolutionary forces assisting. Some shootouts were severe and the Americans spared no ammunition. Fragments of masonry, bricks, and window glass soon covered the city sidewalks with a thick layer of debris mixed with hundreds of spent half-inch Browning shells.

Several groups of Volksturm, SS units, Hitlerjugend members, as well as individual German fanatics kept up sporadic sniping from house windows, attics, and the other church towers in town. The fighting was off and on again in the main city streets and squares but also in the halls and stairways of many individual houses. About 40 Gestapo members and prison guards hidden in the Plzeň Gestapo building surrendered after short resistance and intensive shooting. Speculation about the Germans preparing a bloody revenge, promised by von Majewski, unfortunately, proved to be true. At 10 a.m. sharp the uprising in Plzeň was supposed to be brutally suppressed. No one knew what the Wehrmacht garrison, still awaiting orders in their barracks, would do then. By responding quickly to the call for help and by arriving just in time to counter the planned enemy revenge the Americans prevented a major bloodbath from taking place on one of the last days of the war.

At 1 p.m. Brigadier General Pierce established his Headquarters in the Grand Hotel Smitka (Slovan).

However, the wartime events in the city continued. Too many times the fighting Americans had to apologize for bursting into the wrong apartment while the bewildered tenants indicated that the enemy was hiding just one more floor up.

With the fight in progress, a Half-track APC with LtCol. Percy Perkins Jr., the Deputy of Col. Noble, and Sgt. Charlie Peet aboard, stopped in front of the German Kommandantur building on Klatovská Avenue. They came to negotiate the surrender of Gen. Georg von Majewski, the Military Commander of Plzeň.

A Wehrmacht Captain speaking excellent English served as interpreter throughout the negotiation. Von Majewski was already waiting with his staff in his spacious office and was not at all pleased with the way the situation was going. With arrogance in his voice he asked the Americans what they wanted. He declared himself ready to surrender only to the American Commanding General. This was resolutely refused by Perkins, stating that he was the only one authorized to accept the surrender. Majewski was aware that he already lost his chance at the outbreak of the uprising. At 2:15 p.m. he signed a short, handwritten surrender note quickly written by Perkins on a piece of paper right on the spot. Shortly after signing, the broken German General shot himself in the temple with his own personal weapon despite the effort of his staff to prevent him from doing so. The stunned American negotiators kept cool, witnessing how the desperate general's wife took his bloody head in her hands and tried to wipe off the blood with a towel.

The last shots were fired in downtown Plzeň around 4 p.m. Some units of the 3rd Battalion, 386th Regiment, 97th Infantry Division arrived in Plzeň during the afternoon and took part in mopping up the last remaining German snipers, for example, on Klatovská Avenue in the direction of Bory.

It took the Americans the whole day to finish the mopping up operations and to finish clearing the enemy out of the city. Individual houses, cellars, and courtyards, all had to be cleared one by one. Over 3,000 Nazis were apprehended. Before noon, the Wehrmacht and SS units that were taken prisoner were assembled on Republic Square. Some dramatic moments took place, when the embittered Czech civilians attacked the captive Nazi soldiers and Gestapo members.

In the course of the Plzeň operation, the 16th Armored Division's overall combat casualty figures were recorded as one killed and seventeen wounded. One M 8 APC was lost.

Starting just before evening, but continuing through the night and the whole following day, the 7th of May, the celebration went on and on as the now positively free people of Plzeň returned to the streets to welcome and enjoy their newly gained freedom. The capital of Western Bohemia celebrated to the fullest, just as Paris did nine months before. Populations of these two cities rewarded the Americans with the greatest display of genuine friendship and joy of the whole European campaign.

At least the highest American Command and the foremost military historians think so.

▲ ▲ **6. 5. 1945 po 8. hodině - první americká průzkumná obrněná vozidla M 8 a tanky M 24 Chaffee přijíždějí za deště Husovou ulicí do centra Plzně.**
   May the 6th, 1945, shortly after 8 a.m. the first American reconnaisance M 8 APCs and M 24 Chaffee tanks arrived in rainy weather on Husova Street, proceeding to downtown Plzeň.

▼ **Americký tank M 4 Sherman zatáčí pod židovskou synagógou směrem do Prešovské ulice.**
   An American M 4 Sherman tank turning on to Prešovská Street at the Synagogue.

◀ ▲ **Atmosféra čerstvých okamžiků osvobození v ulicích.**
The atmosphere on the streets during the first moments of liberation.
▼ **Na náměstí Republiky právě zastavily první průzkumné tanky General Chaffee.**
The first General Chaffee reconnaissance tanks arriving at Republic Square.

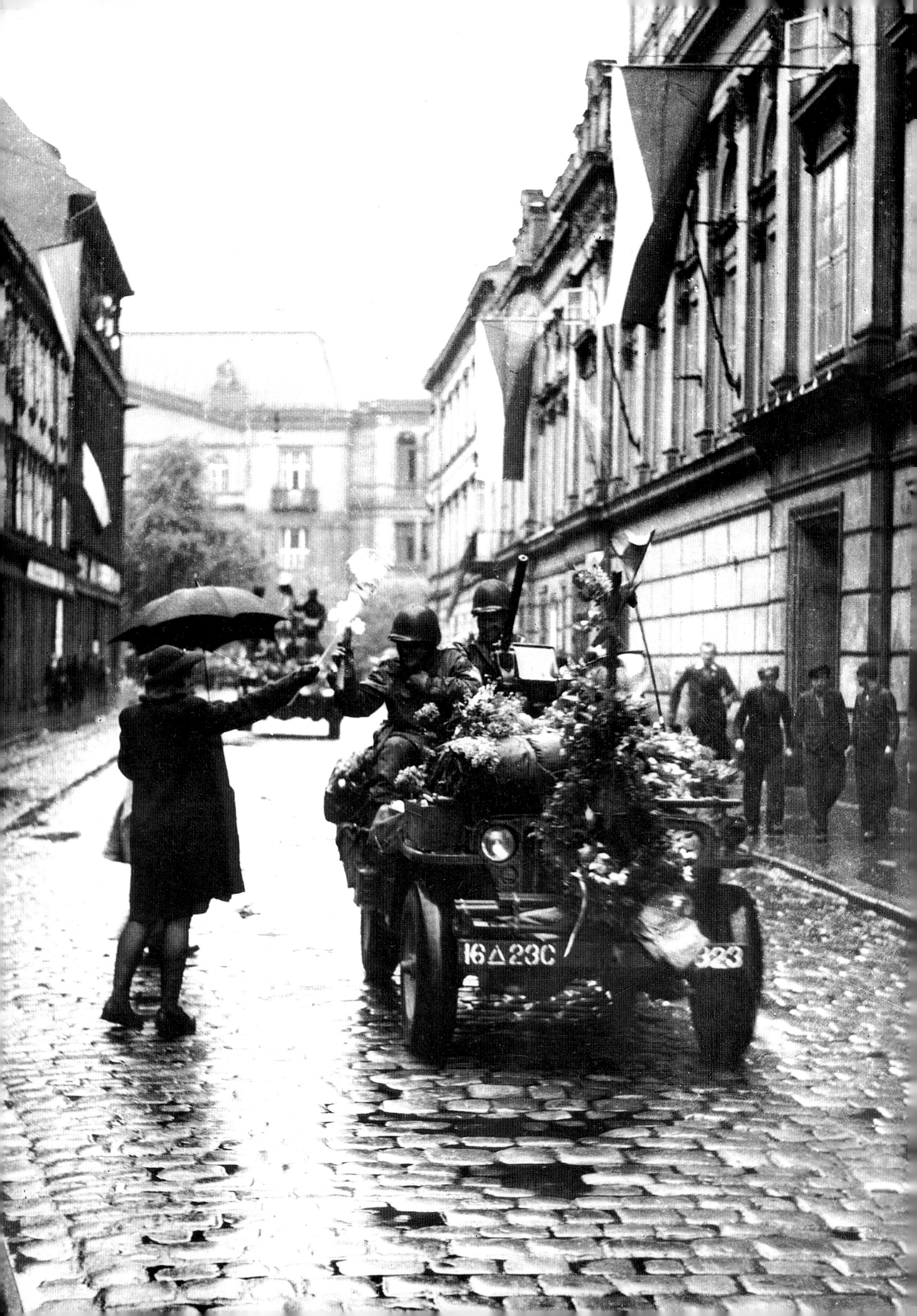
16 Δ 23C
323

▲ ▶ **Americká vojenská technika před budovou radnice. Vojáci ve věži obrněného vozu M 8 pozorně sledují situaci. Kde jsou Němci?**

American military hardware in front of City Hall. From the turret of the M 8 APC the crewmen observe the situation with caution. Where is the enemy?

▶ ▼ **V jeepu označeném CCB přijíždí velitel jednotky plukovník Noble. Na tancích se objevují československé vlajky.**

The jeep with CCB markings and Colonel Noble, the unit Commander on board, arrives. The tanks are being decorated with Czechoslovakian flags.

◀ **Jeden z čelních jeepů 23. jízdní průzkumné eskadrony v Goethově ulici.**

One of the first 23th Reconnaissance Squadron jeeps in Goethova Street.

■ Tankisté 16. obrněné divize jsou náhle v nové situaci. Po průjezdu nepřátelským územím Německa a Sudet jsou obklopeni Plzeňany, kteří je nadšeně zdraví, podávají jim ruce a chtějí po nich stovky autogramů na památku.

After passing through the enemy territory of Germany and Sudetenland, the 16th Armored Division tank crews experienced a changed attitude from local citizens. This time the people welcomed and cheered them. Hundreds are asking for autographs.

▲ Náměstí Republiky a roh Smetanovy ulice v 8.45 hodin. Američané jen s obtížemi projíždějí davy Plzeňanů.
  The corner of Republic Square and Smetanova Street at 8:45 a.m. The Americans can barely move through the crowd of enthusiastic people.

▼ Obrněný kolový vůz M 8 „Chrt" hlídkuje u vjezdu do dvora Grandhotelu Smitka.
  A six-wheeled M 8 Greyhound APC guarding the courtyard entrance of the Grand Hotel Smitka.

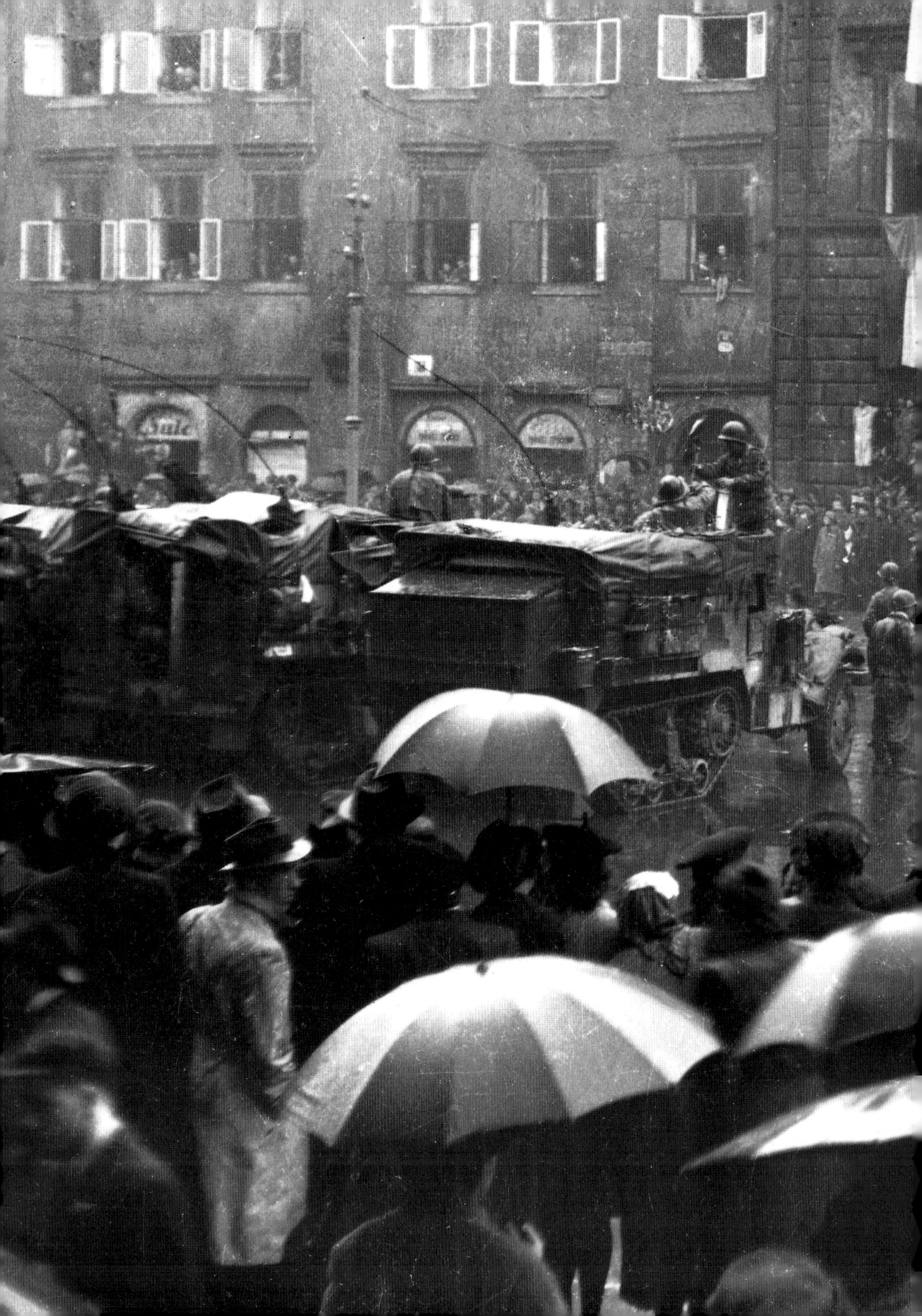

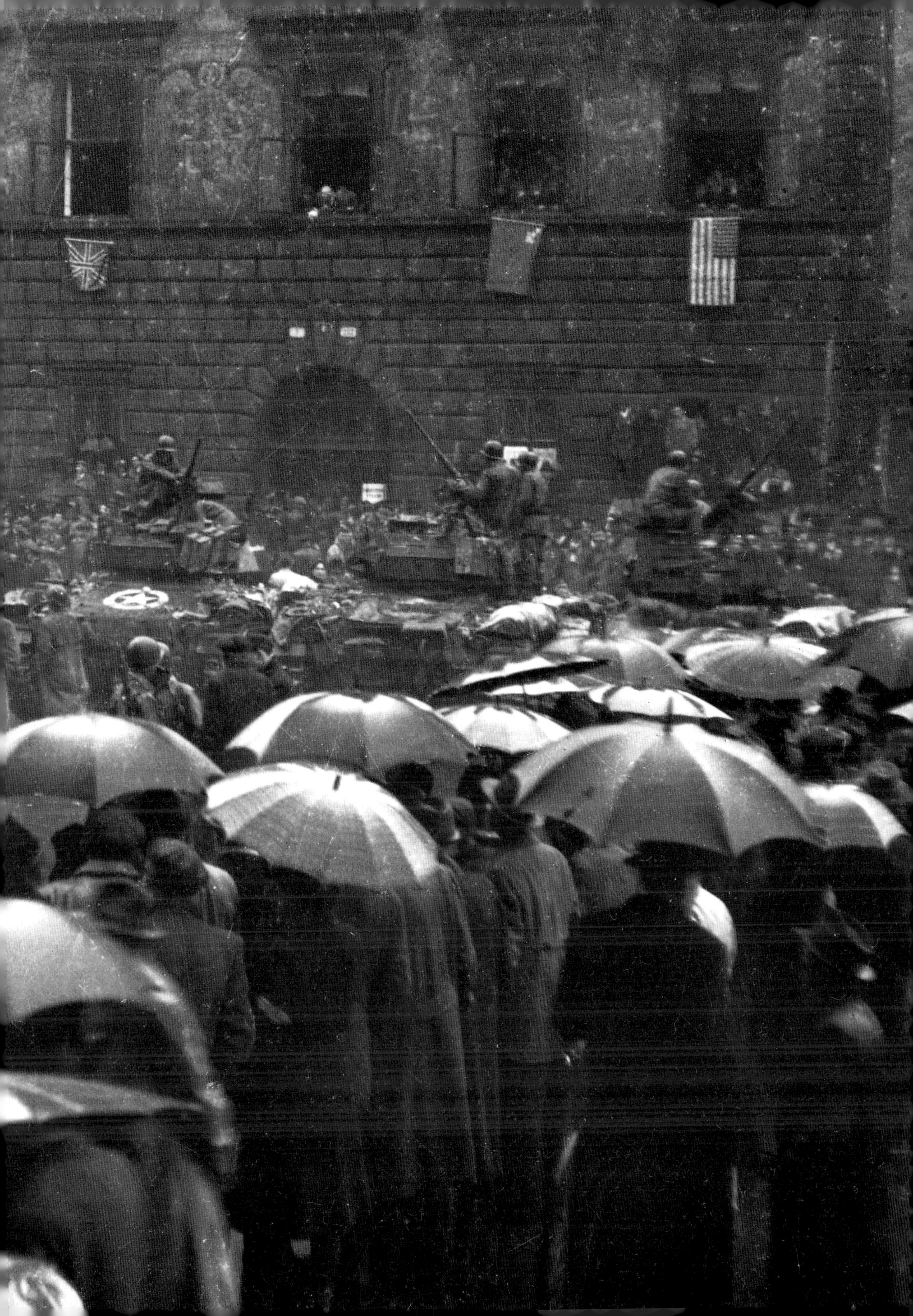

▲ Plukovník Noble před budovou radnice pozorně naslouchá informacím o průběhu povstání a situaci v Plzni. Češi mu na mapě ukazují, kde všude je německá armáda.
  In front of City Hall, Colonel Noble is informed about the situation in Plzeň. The Czech citizens indicate the German Army positions on the map.

▼ Jsou to silné emotivní okamžiky, každý chce stisknout ruku americkému vojákovi a poděkovat za osvobození. Někteří tankisté jsou v rozpacích a jen skromně opakují: „Never mind! It's O.K." (To nestojí za řeč.)
  Overwhelmed with emotion, all the Czechs in Plzeň want to express their gratitude for the liberation by shaking hands with American soldiers. Not being used to this, the surprised Americans respond simply: "Never mind! It's O.K."

▲ **Američané a jejich tanky jsou zasypáni kyticemi čerstvých šeříků, jedinou „květinou", která byla na jaře 1945 k dispozici.**
The American tanks and crews showered by fresh cut lilac, the only "flower" of welcome available in the Spring of 1945.

▶ ▼ **Atmosféra na křižovatce u Velkého divadla. Nikdo netuší, že právě tady budou za necelých 60 minut probíhat tvrdé boje s nacistickými záškodníky.**
At the Grand Theatre intersection the mood is jubilant. Nobody is aware that in barely 60 minutes, fierce combat with Nazi saboteurs will take place just here.

■ **Osvobozená Plzeň vítá americké vojáky tím nejlepším co má – plzeňským pivem, čepovaným přímo mezi pásy tanků.**

The just liberated city of Plzeň welcomes the American soldiers with the best it can provide – genuine Pilsner beer served right between the tank tracks.

▲ **Sympatický velitel plukovník Noble je hrdinou dne.**
The hero of the day is the popular Colonel Noble.

◄ **Americké vojáky vítala v ulicích i americká vlajka, kterou do Plzně přivezli v roce 1938 na sokolský slet američtí Sokolové.**
The Stars and Stripes banner, brought to Plzeň by U.S. Sokols for a 1938 Convention, welcomes the U.S. soldiers in the city streets.

■ ▶ **Podpisy na památku, české dívky, koláče a buchty – symboly prvních okamžiků osvobození.**

Autographs, girls, and the Czech cakes "buchty" accompany the first moments of liberation.

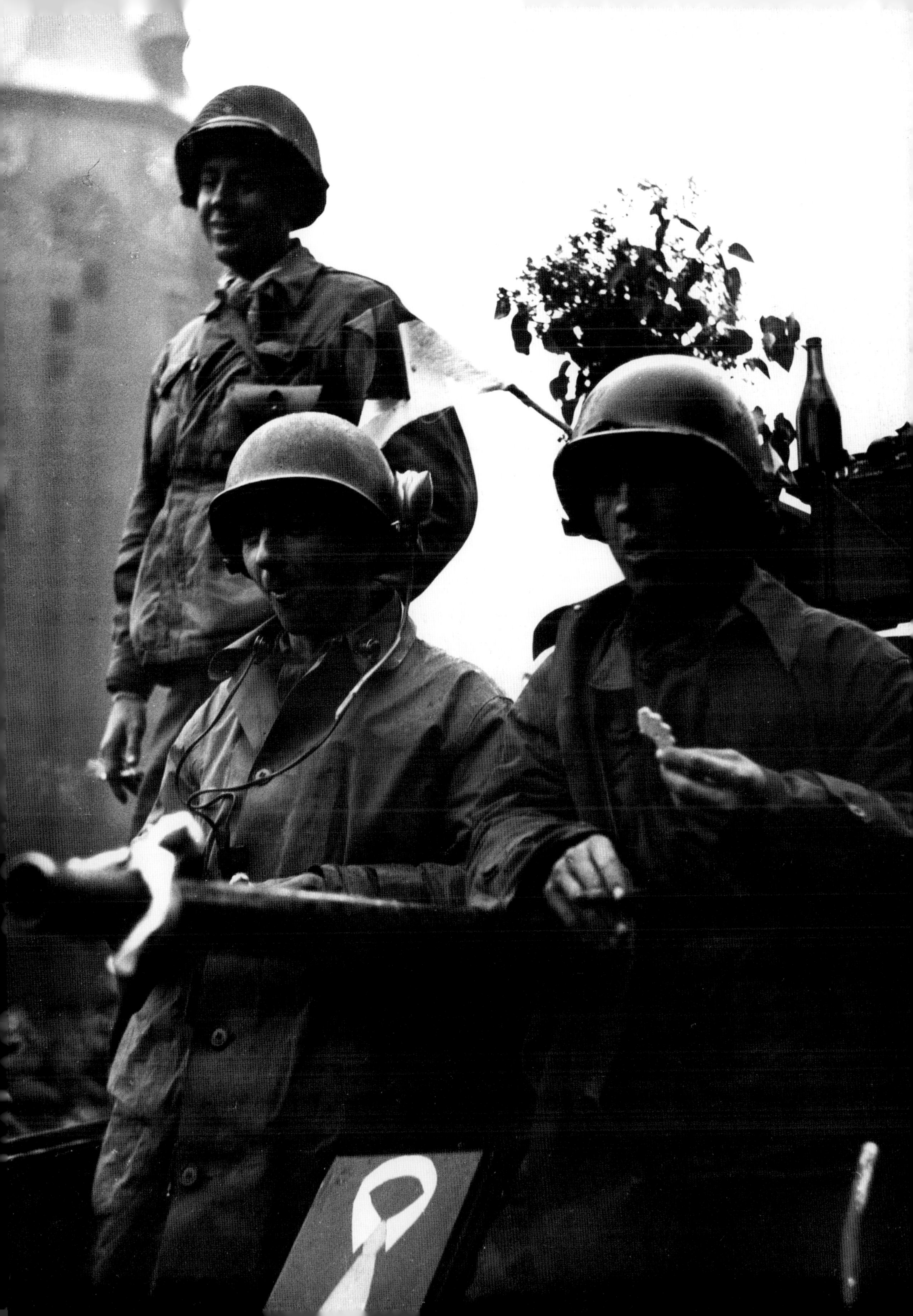

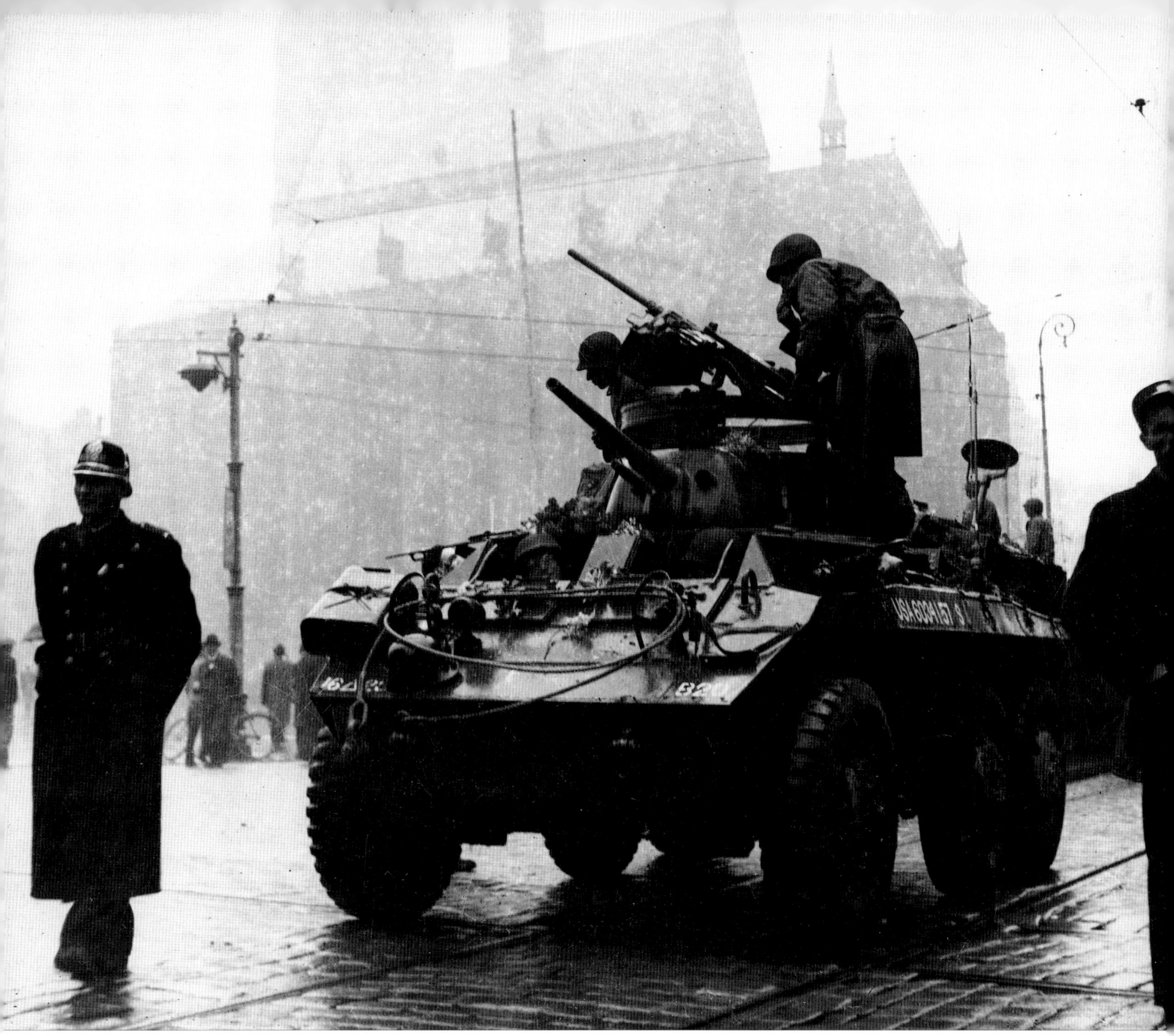

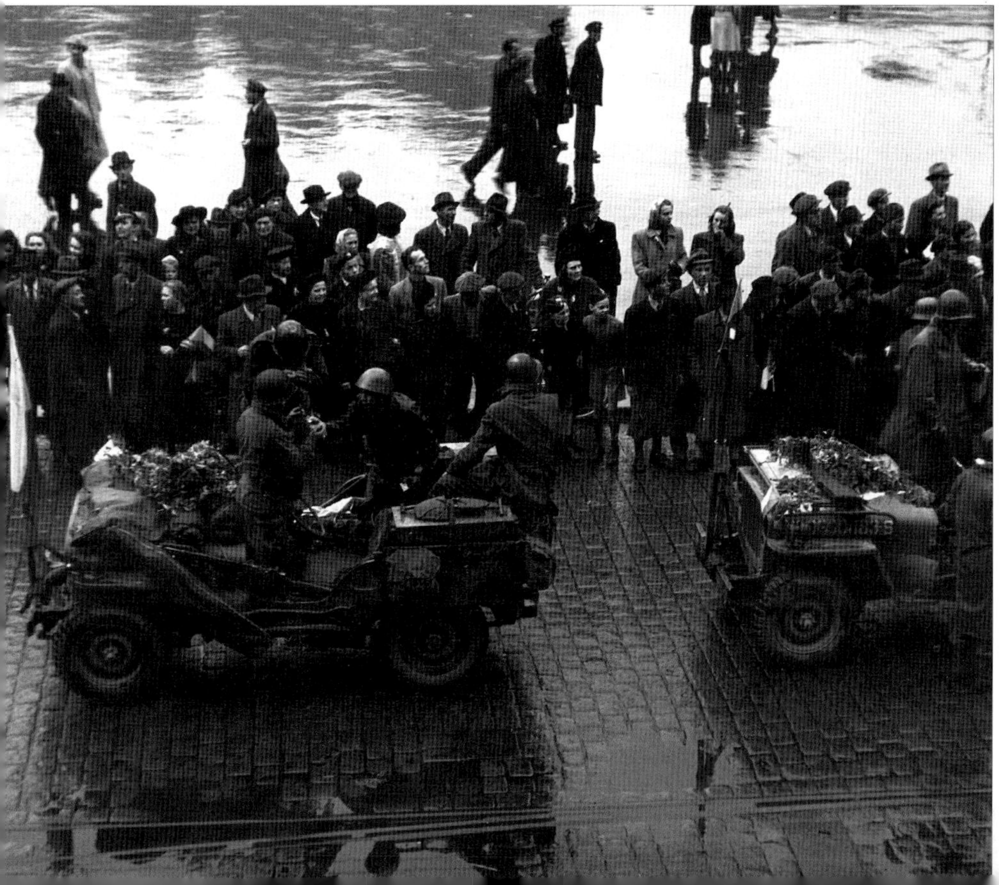

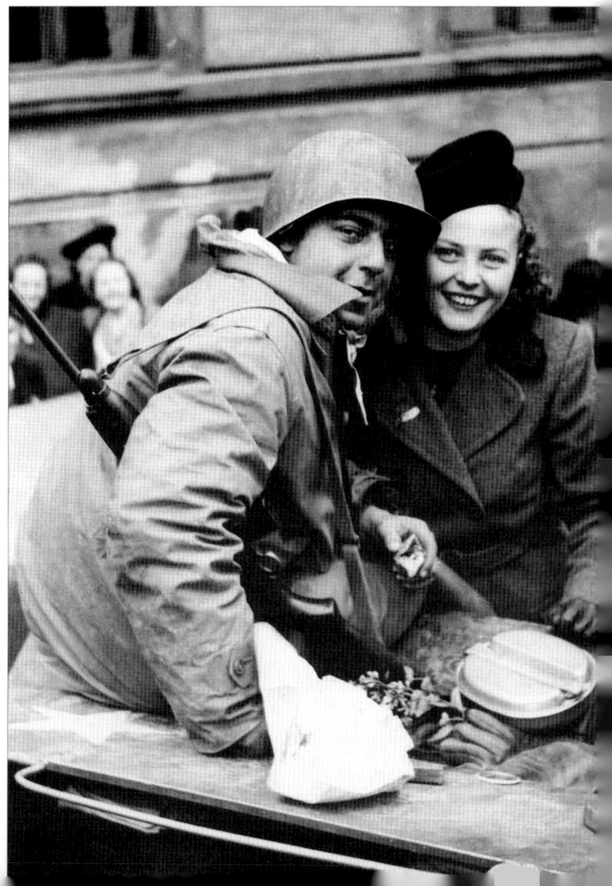

◀ ▲ **Před 10. hodinou rachotí první výstřely z věže kostela sv. Bartoloměje a okolních domů. Lidé prchají ve zmatku z prostoru náměstí a snaží se ukrýt v bezpečí sklepů a domovních vchodů.**

Just before 10 a.m., the first German shots are fired from the St. Bartolomew church tower and surrounding houses. People run from the Square in panic to take cover in the nearest house entrances and cellars.

◀ **Na jakýkoliv podezřelý pohyb v oknech a vikýřích reagují američtí vojáci okamžitě střelbou z těžkých kulometů.**

Any suspicious movement in the windows cause the Americans to respond quickly with heavy machine gun fire.

◀ ▼ **Po napadení vysílačky na soutoku Radbuzy a Mže oddílem SS přijel na pomoc obrněný vůz M 8.**

When the radio transmitter at the confluence of the Radbuza and Mže rivers was attacked by the SS, this M 8 APC came to help.

▼ **Skupina německých zákeřných střelců zajatých ve věži kostela sv. Bartoloměje.**

A group of sneaky German snipers captured in the tower of St. Bartolomew church.

- ▲ ▼ **Američané likvidují poslední německé fanatiky na mnoha místech Plzně. Boje v Resslově ulici.**
  Americans mopping up the remaining German fanatics in many locations throughout the city. This fight took place in Resslova Street.
- ▶ ▼ **Dramatické okamžiky na rohu Škroupovy a Purkyňovy ulice.**
  Dramatic moments at the corner of Škroupova and Purkyňova Street.

■ Pouliční boje na Husově náměstí. Poté co nacisté zjistili, že jejich odpor je marný, vybíhali ven s bílými prapory a vzdávali se.
Husovo Square. Once the Nazis realized the futility of further resistance they came out with white flags and surrendered to American soldiers.

▲ Americké kulomety ostřelují v Sadech Pětatřicátníků věž židovské synagógy a budovu kasáren 35. pěšího pluku.
American machine guns firing at the Synagogue tower and the 35th Regiment Barracks building.

■ Bitva na křižovatce u Velkého divadla a pod kostelem Československé církve v Husově ulici.

Combat at the Grand Theatre and Czechoslovakian Church crossing in Husova Street.

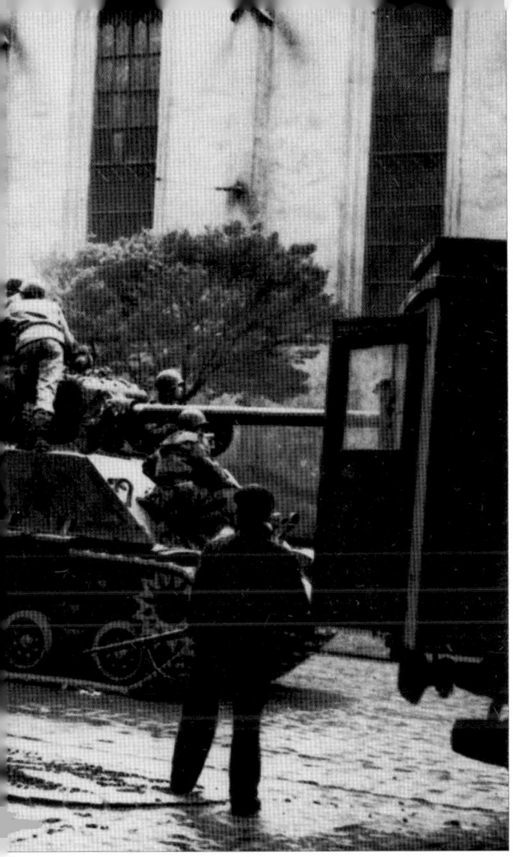

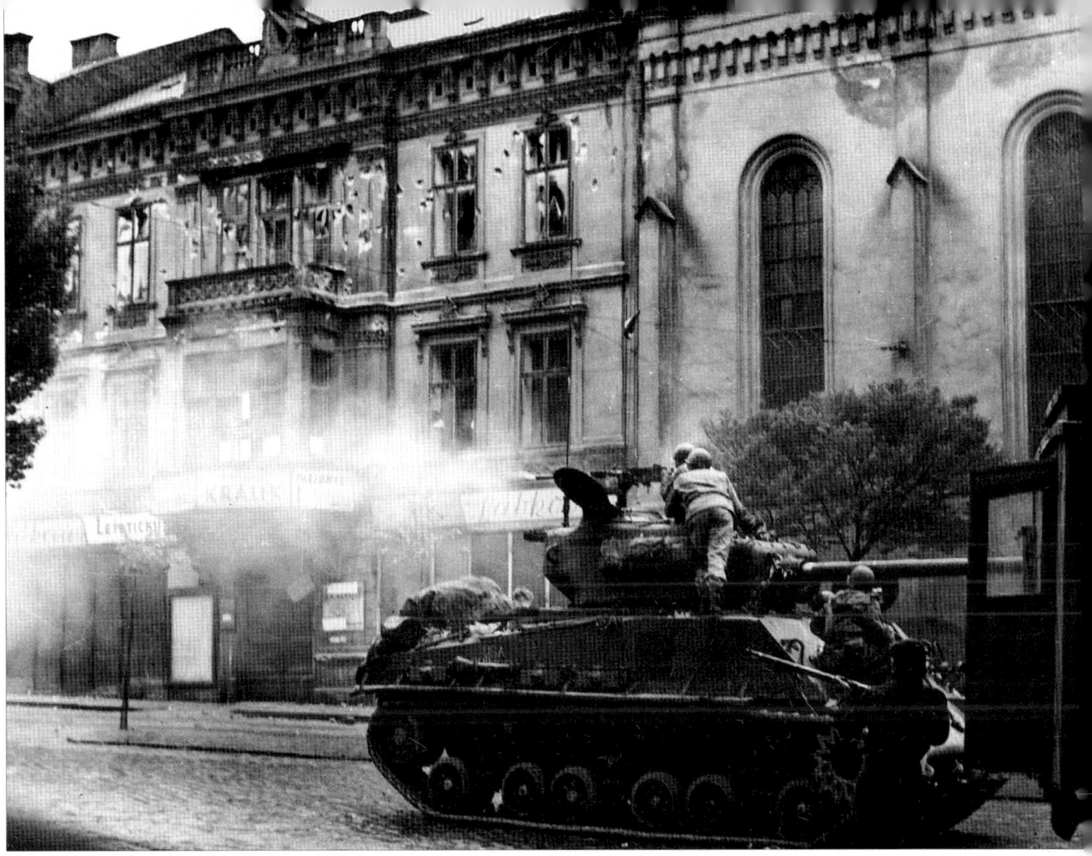

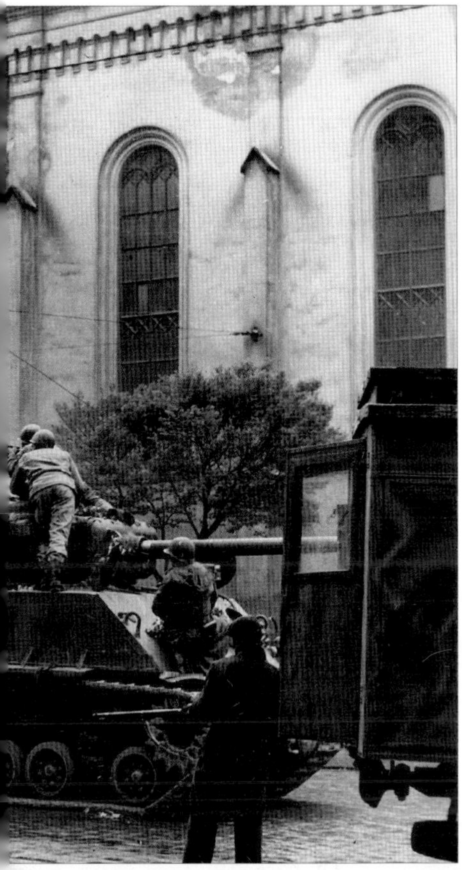

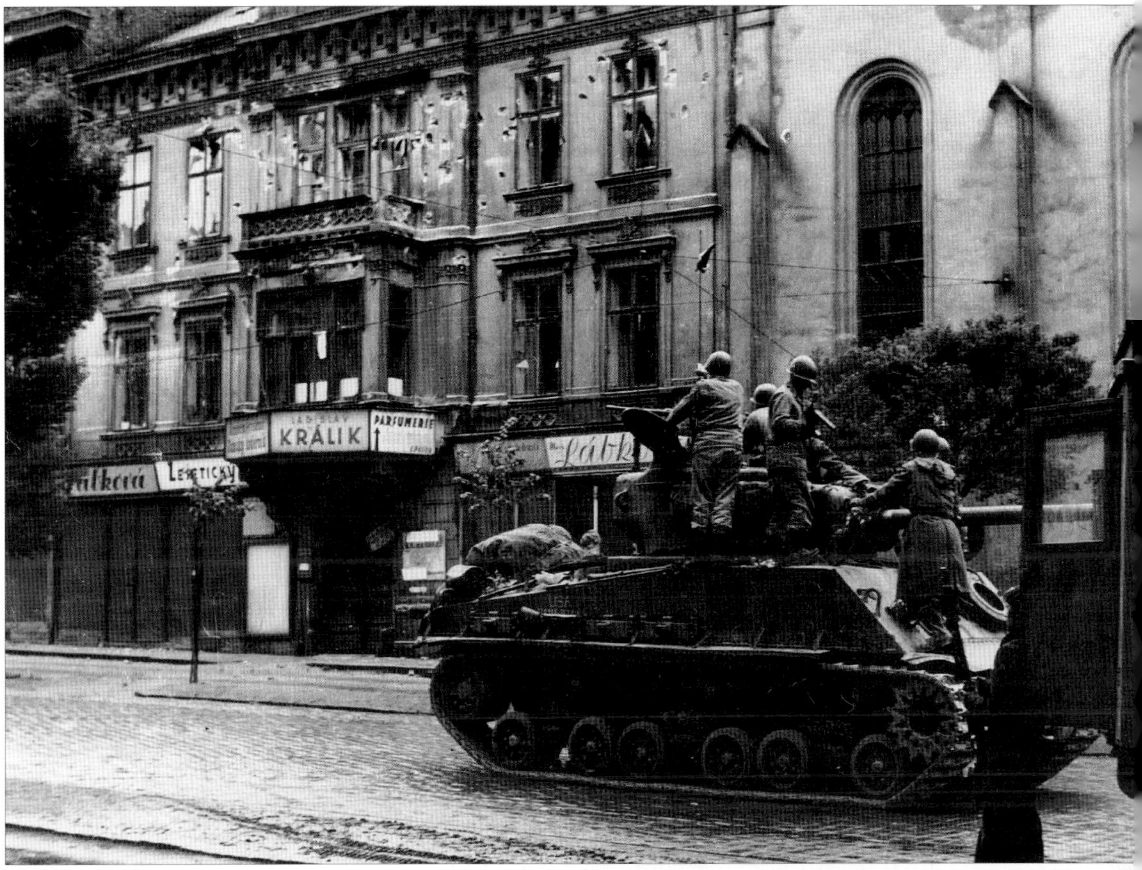

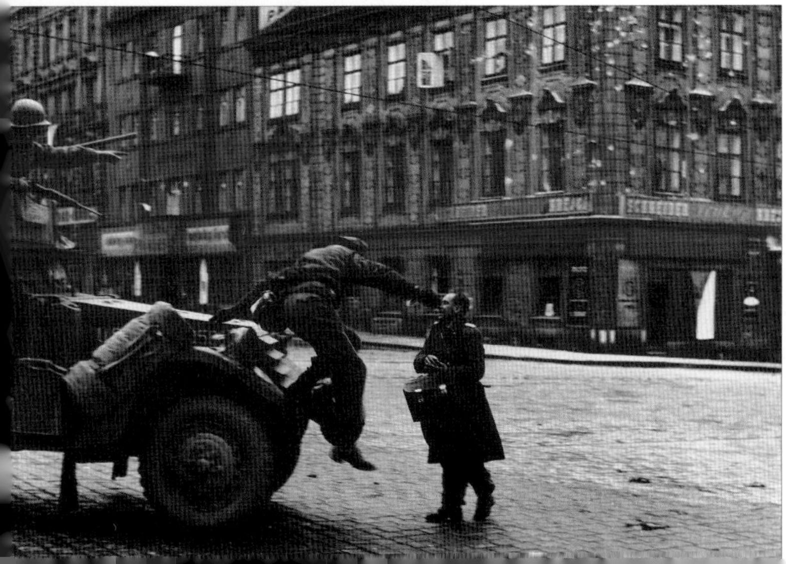

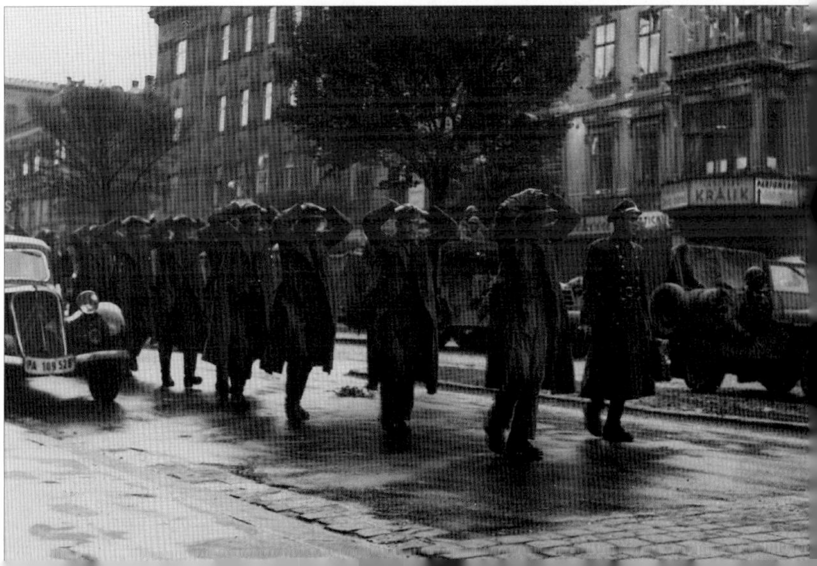

▲ **Po krátkém boji byla po 11. hodině obsazena obávaná bílá budova plzeňského gestapa. 40 gestapáků a dozorců Američané donutili vyjít ven s rukama nad hlavou.**

The feared Plzeň Gestapo white building is seized following a short fight after 11 a.m. All 40 captured Gestapo members and the prison guards are forced to come out with their hands up.

▲ ▶ **Half-Track hlídkuje před německou komandanturou, kde právě probíhá dramatické jednání o kapitulaci.**

This Half-Track guards the Kommandantur during the dramatic negotiation for surrender.

▶ **Vojáci 97. pěší divize likvidují před polednem nacistický odpor v prostoru Klatovské třídy nad železničním mostem.**

The 97th Infantry soldiers supressing the last Nazi resistance above the railroad bridge section of Klatovská Avenue.

▼ **Na ulicích a chodnících leží stovky prázdných nábojnic z těžkých kulometů.**

The city streets and sidewalks are covered by hundreds of spent heavy machine guns shells.

■ **Vojáci 16. obrněné divize shromažďují zajaté vojáky Wehrmachtu na náměstí Republiky.**
The 16th Armored Division soldiers collecting captured Wehrmacht troops in Republic Square.

▼ **Američané pečlivě prohledávají město. Situace před Saským mostem směrem na Roudnou.**
Americans clearing the city of the enemy. This scene shows the Saský bridge approach leading to Roudná.

- **U kasáren 35. pluku dochází ze strany rozzuřených Čechů k pokusům o lynčování německých vojáků.**
  The enraged Czechs attempting to lynch captive German soldiers at the 35th Reg. Barracks.
- **Hned po skončení bojů na náměstí se američtí vojáci věnují oblíbené zábavě, baseballu.**
  As soon as the fighting stops the American soldiers start playing baseball.

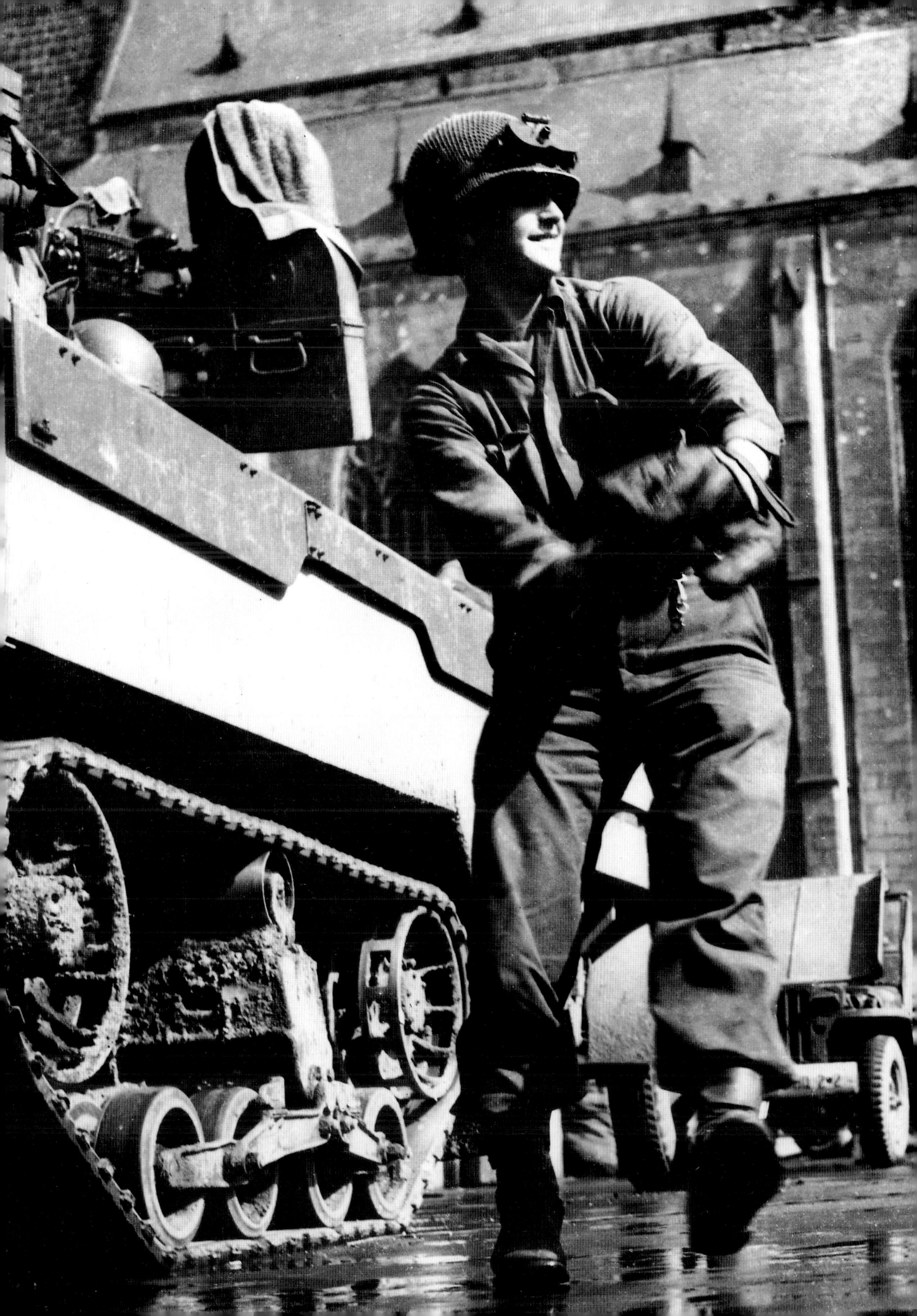

■ Utichla střelba, Američané křižují prázdnými ulicemi a hlídkují na místech, kde se ještě před několika okamžiky bojovalo.

The shooting is over. Americans cruising the empty streets patrol the locations subjected to fierce fighting just a minute ago.

▼ Němečtí zajatci pochodují po Klatovské třídě směrem na Bory, kde byl na Valše vybudován obrovský zajatecký tábor.

German POWs on Klatovská Avenue are leaving for the big POW camp established in Bory-Valcha area.

▸▸ Plzeň je svobodná!
Plzeň is free!

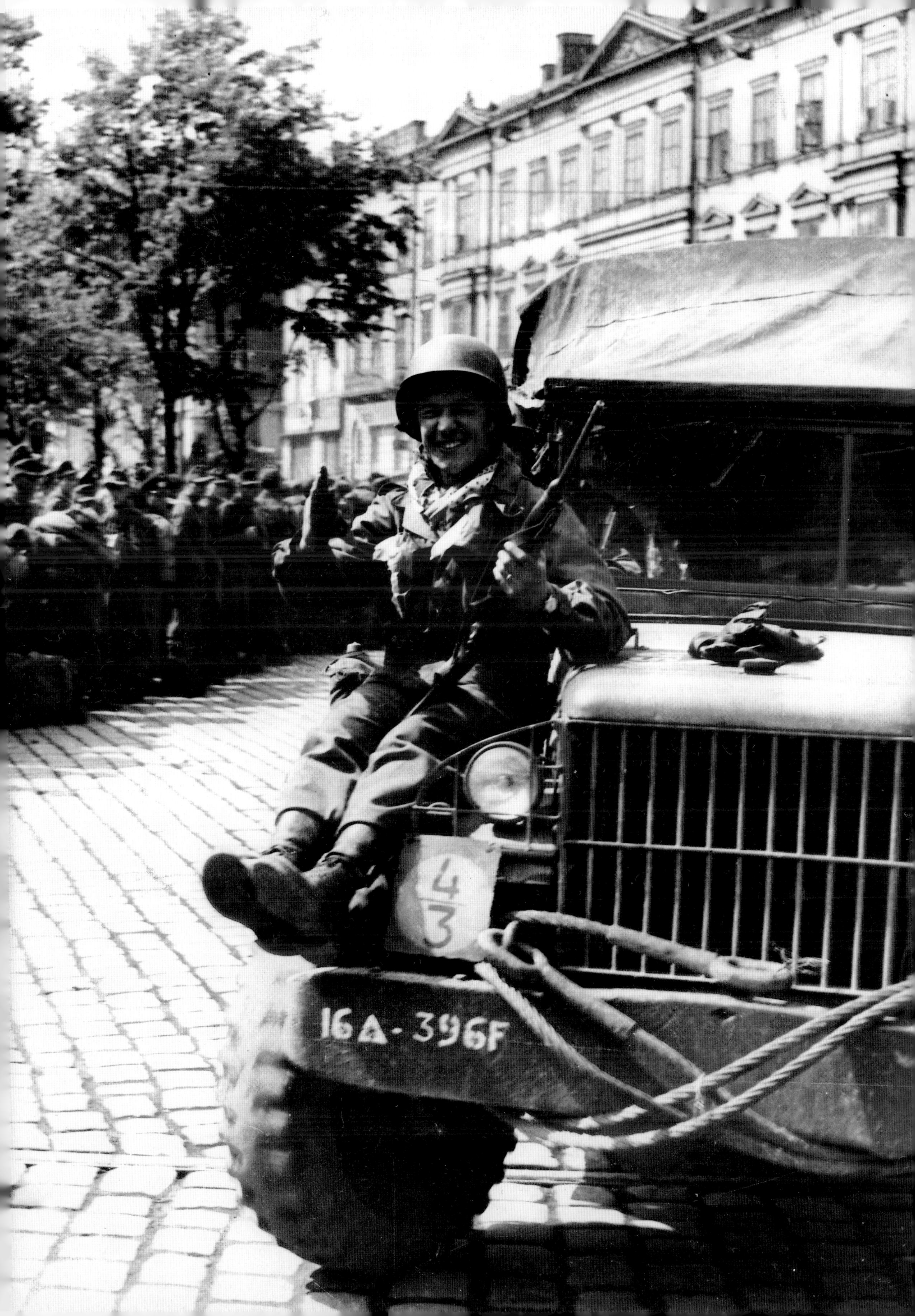
4
3
16Δ-396F

■ **Odpolední přátelská atmosféra v ulicích Plzně. Tak chutná svoboda. Láhev cenné božkovské slivovice pečetí vítězství.**

The afternoon friendly mood in the streets of Plzeň. This is the taste of freedom sealed with a bottle of valuable "slivovice" plum brandy from the local Božkov distillery.

◀ **Američané hlídkují před Grandhotelem Smitka, kde měl štáb velitel 16. obrněné divize, brigádní generál Pierce.**
Americans in front of the Grand Hotel Smitka, the Headquarters of the 16th Armored Division of Major General Pierce.

◀◀ ▼ **Plzeň se stala na několik měsíců centrem americké armády.**
For several months Plzeň was the center point of U.S. Army operations.

▲ ▲ **První písničky amerických vojáků zní v plzeňských ulicích.**
Soldiers singing the first American songs in the streets of Plzeň.
▼ **Rokycany 7. 5. dopoledne – M 8 23. průzkumné eskadrony 16. obrněné divize přijíždějí do města.**
The M 8s of the 23rd Reconnaisance Squadron entering the city of Rokycany on the afternoon of May 7th.
⇥ **Nečekal na rozhodnutí nejvyššího velení a vyrazil na pomoc – osvoboditel Plzně plukovník Charles H. Noble.**
On his own initiative he decided to help – Col. Charles H. Noble, the liberator of Plzeň.

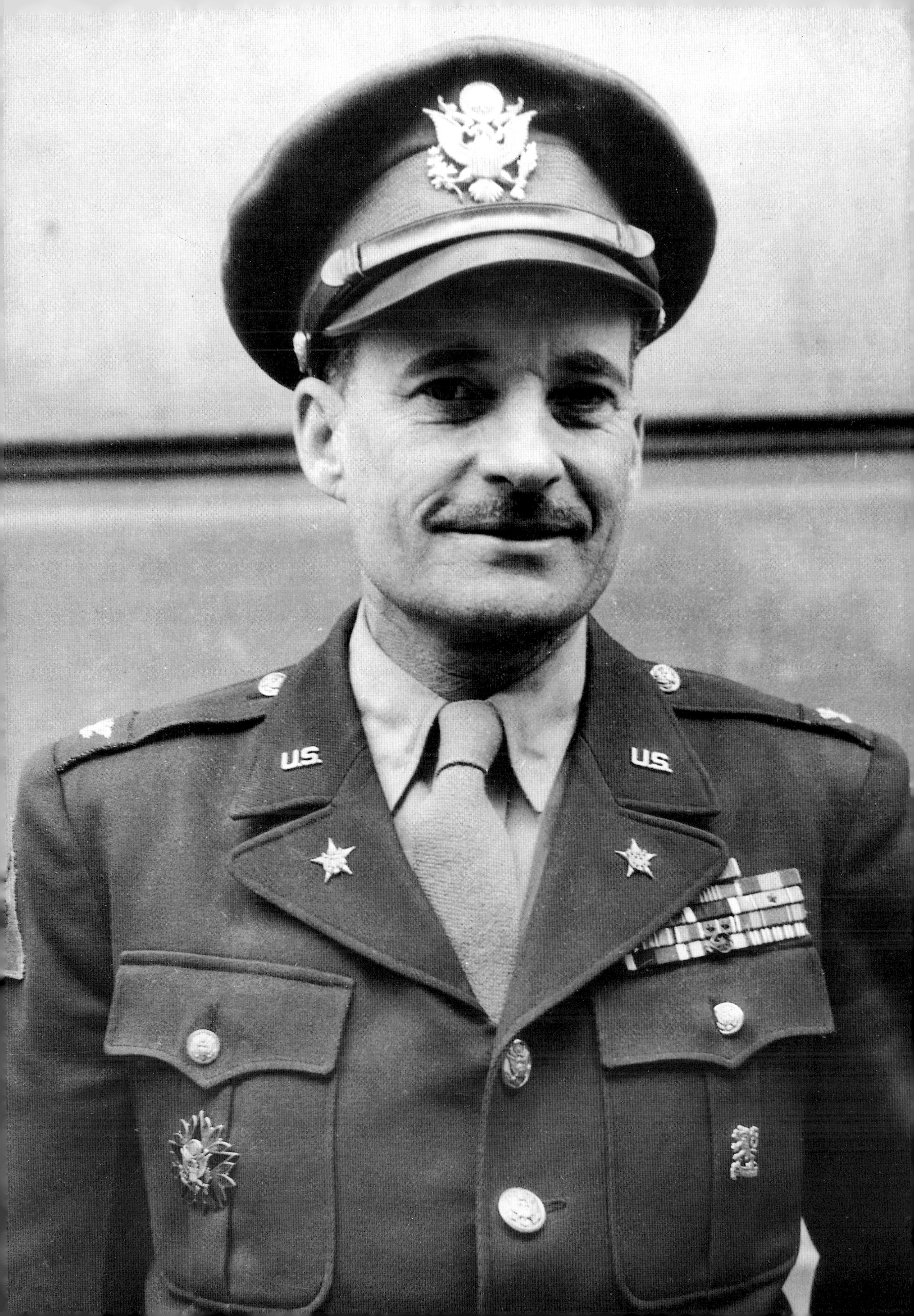
U.S.
U.S.

- ▶ **Starý Plzenec 6. 5. pozdě odpoledne – 9. pluk 2. pěší divize je na konci své válečné cesty.**
  The 9th Regiment, 2nd Infantry Division at the end of their war path on the late afternoon of May 6th, in Starý Plzenec.
- ▶ **V atmosféře vítězství byl nadšenými Čechy uvítán 7. 5. před radnicí velitel plukovník Philip D. Ginder.**
  In the air of victory, Col. Philip D. Ginder, the unit Commander, is welcomed by the enthusiastic Czechs in front of the City Hall.

Domažlice 5. května 1945, 12.50 hodin

Jaro 1945 bylo na Domažlicku ve znamení častých leteckých útoků amerických hloubkařů, mnoha transportů s válečnými zajatci a také tzv. transportů smrti. Poté, co Američané zcela rozbili železniční uzly, pohybovaly se ustupující oddíly zubožených lidí z koncentračních táborů s doprovodem SS pěšky. Tamní občané byli svědky mnoha tragédií, které úzce souvisely s nelidským zacházením s vysílenými vězni.

Počátkem dubna se západní fronta přiblížila k československé hranici a na území okresu se začaly stahovat ustupující německé jednotky. V Mrákově se usídlil štáb německé divize, která měla zajišťovat obranu západní hranice v důležitém prostoru Všerubský průsmyk-Folmava. Fronta se rychle blížila a německé jednotky byly nuceny z důvodu úplného zhroucení železniční dopravy po náletech amerických letců přesouvat své vojáky výlučně po vlastní ose.

Velitelství amerického XII. sboru vědělo díky průzkumným akcím, že podél československé hranice je připraven organizovaný německý odpor. Za mohutné české pohraniční hory se ukryla německá 7. armáda generála von Obstfeldera, jejíž divize do tohoto prostoru ustoupily před Američany po posledních tvrdých bojích od Rýna. Do 26. dubna se americká 90. pěší divize i přes postup náročným lesnatým terénem s bahnitými cestami nesetkala s větším odporem. K obratu došlo až v prostoru Waldmünchen-Furth, kde muselo být do bojů nasazeno dělostřelectvo a letectvo.

Právě na Domažlicku dělala starosti Američanům německá 11. tanková divize. Rychlost jejích přesunů mohla být pro americké pěšáky velkým problémem a zanedbatelný nebyl ani odhadovaný počet plně vyzbrojených zkušených vojáků této jednotky - více než 3 500 mužů.

Přestože odpor německých jednotek postupně slábl, reagovalo jejich velení na Hitlerův rozkaz, že každé město má být hájeno jako pevnost do poslední chvíle, a bylo připraveno využít hlubokých lesů k další obraně.

Spojenecké útoky se tak postupně zaměřily na seřadiště a poslední ohniska odporu nacistických vojsk. Těžce byla například bombardována obec Klenčí pod Čerchovem. Poté, co zde zjistil spojenecký letecký průzkum německou vojenskou kolonu, byl vyzván starosta Macek a německý velitel četnické stanice, aby došlo ke kapitulaci. Když se tak nestalo ve stanovené lhůtě, bylo Klenčí v předvečer 26. dubna napadeno osmi stíhacími letadly a bombardováno zápalnými a trhavými bombami. Z celkového počtu 230 domů byla zničena téměř polovina. Oheň hořících stavení tehdy ozářil celý kraj.

Druhý den se pokusily divizní průzkumy třikrát proniknout na československé území, ale v prostoru Folmava-Maxov-Všeruby je čekala souvislá obrana. Američané byli nuceni vzápětí použít proti německým tankům ve Všerubech a dělostřeleckým postavením u Svaté Kateřiny samohybné houfnice M 7 Priest.

Koncem dubna 1945 byla již fronta tak blízko, že obyvatelé Domažlic slyšeli zřetelně od Čerchova a Haltravy dunění střelby a prostor v okolí chodské metropole se stal terčem dělostřeleckých zásahů. Američtí hloubkaři navíc intenzivně napadali pohybující se německé kolony. Dne 30. dubna byla kolem poledne ostřelována třemi letadly Thunderbolt kolona Wehrmachtu u nádraží na silnici z Klenčí do Trhanova. Po náletu zůstaly v tzv. Lomikarově aleji stát trosky vojenských aut a obrněných vozů. Jedno americké letadlo se poté, co pilot zachytil křídlem o vrcholek stromu, roztříštilo v lese v Zadní hoře pod Hrádkem a letec, nadporučík Kirkham, zahynul.

Ustupující německé oddíly a obyvatelé německých vesnic na mnoha místech zatarasili už tak těžko sjízdné cesty poraženými stromy. V celém širokém hraničním prostoru jich tu ztěžovalo postup téměř 8 000 a američtí velitelé byli nuceni přiznat, že od přechodu Rýna se nesetkali s tak těžkými překážkami.

V chaotické situaci, kdy mnohé demoralizované oddíly Wehrmachtu opouštěly svá bojová postavení, se na území domažlického okresu stahovaly části jednotek obrněné divize SS Therese, která ustupovala po prolomení fronty na Tachovsku. Právě její příslušníci nutili Wehrmacht zaujímat nové obranné pozice, což se neobešlo bez dramatických okamžiků. K ozbrojenému zásahu vojáků SS proti německým branným silám došlo například na svazích Čerchova a Malinové hory, kde bylo několik pěšáků Wehrmachtu pověšeno za dezerci.

90. pěší divize zaznamenala větší úspěch až 30. dubna, kdy po téměř dvoudenní lesní bitvě prorazily dva prapory 358. pluku v Caparticích. V boji, orámovaném hlubokými lesy v okolí Černé řeky, Američané ztratili dva tanky, 6 vojáků zahynulo a 28 bylo zraněno. Až v podvečer se podařilo americkým pěšákům vyčistit několikakilometrový úsek lesního pásma, zničit německý tank a zajmout 110 zajatců.

Další oddíly 359. pluku postupovaly na Českou Kubici, ale jejich postup směrem na Babylon zastavila německá obrana i za cenu ztráty dvou svých tanků. Nedaleko Všerub, v malé vesnici Myslív, překvapili rychlou akcí američtí průzkumníci tamní skupinu německých vojáků a během boje tady padlo 7 fašistů a dalších 12 se vzdalo.

Druhý den, 1. května, už vstoupila 90. pěší bez boje ostražitě do Klenčí, Chodova, Trhanova, Pece, Nového Postřekova a Pařezova.

Vesnicemi v okolí Domažlic od konce dubna procházely oddíly armád generála Vlasova, němečtí civilní uprchlíci, ale i dělníci, ještě nedávno nasazeni na práce v Říši. Štáb německé divize, zajišťující obranu důležitých úseků od Všerubského průsmyku až po Folmavu, byl nucen přesídlit své postavení z ohroženého Mrákova až do Švihova. Americké dělostřelectvo několik dnů ostřelovalo samotné Domažlice a výsledkem bylo vyvěšení bílých praporů. Ty ale musely být z rozkazu německého velení vzápětí staženy a rozhlas oznámil, že majitelé ověšených domů budou popraveni.

V Horšovském Týně, kde žilo převážně německé obyvatelstvo, začala německá domobrana pod vedením hauptsturmführera Meixnera obsazovat silniční uzávěry a připravovat hnízda odporu.

Rozklad německé armády ale rychle pokračoval a tak po 1. květnu opustily své pozice i dělostřelecké baterie rozmístěné podél Domažlic a Kdyně, když ještě před několika hodinami ostřelovaly pozice Američanů. 90. pěší divize však na samém konci svého úkolu přece jen zaznamenala velký úspěch. Vše vyvrcholilo ráno 4. května, kdy do „devadesátkou" obsazených Všerub dovezli vojáci 2. pěší divize od Chamu nečekaně německého parlamentáře se zavázanýma očima a ten, z pověření generálporučíka Wenda von Wietersheima, nabídl kapitulaci jeho 11. tankové divize.

Kapitulaci německého generála a jeho zástupce von Buttlera přijal v 11 hodin ve vojenském stanu ve Všerubech sám velitel 90. pěší divize generálmajor Earnest. Před udivenými americkými vojáky tak do zajetí přicházelo a skládalo zbraně 9 050 perfektně oblečených a upravených příslušníků Wietersheimovy jednotky, která disponovala např. 700 nákladními a 300 osobními auty, 120 terénními vozy, 85 polopásovými obrněnci, téměř 40 tanky a 59 děly. Celý akt trval 24 hodin a v noci museli Američané na procesí, směřující do Německa, svítit světlomety.

Z dalších nacistických veličin, které se v tomto prostoru vzdaly Američanům, to byl např. polní maršál Edward von Kleist, bývalý velitel skupiny armád „A" na severním Kavkaze a na Krymu, generálporučík Francis Farkas de Kisbarnack, bývalý velitel maďarského VIII. sboru, náčelník spojovacího vojska generálmajor Russworm nebo brigádní generál doktor Deyrer, vojenský soudce armádního okruhu XIII.

Ještě před tím se, díky odvaze podplukovníka Československé armády Josefa Hergeta, dostaly důležité plány nacistického opevnění prostoru Všerubského průsmyku a Folmavy do rukou velení 2. pěší divize, když její pluky operovaly v německém Eschlkamu.

Právě 2. pěší divize, která se na Chodsko přesunula po dobytí Lipska, vystřídala po splnění náročného bojového úkolu hrdinnou 90. pěší divizi. Ta do Evropy vstoupila hned po invazi v Normandii, 7. června 1944, na pláži Utah a prošla nejtěžšími bojišti celé západní Evropy. Byli to její vojáci, kteří vedli poslední tuhé boje v drsném prostředí jižní části Českého lesa a Šumavy. Ztráty této divize patřili během války v Evropě k největším, 3 930 padlých a 14 386 zraněných v boji. Zažít největší slávu a vítání v osvobozených městech a vesnicích českého vnitrozemí bylo tedy přisouzeno další zkušené jednotce z Normandie, 2. pěší divizi, pod vedením generálmajora Robertsona.

Když se 4. května objevila ráno na vysoké triangulanční věži na Hrádku československá státní vlajka, vzbudilo to v Domažlicích všeobecné nadšení. Mnoha chodskými obcemi v těch hodinách projížděla německá vojenská technika, aby se na určených místech nacisté hromadně vzdávali. Domažlická kasárna opustily poslední německé jednotky v noci na 5. května.

Ráno toho dne zahájily americké divize V. a XII. sboru mohutný postup do nitra Čech. Část jednotek 2. pěší divize, konkrétně 9. pluk plukovníka Philipa D. Gindera, postupovala od Všerub přes Brůdek na Kdyni a druhý proud směřoval na Hlubokou, Loučim a dále na Klatovy. Třetí proud se odklonil směrem na Kout na Šumavě, aby se tu spojil s oddíly, přijíždějícími od Mrákova a Tlumačova. U Orlovic, ve směru na Hadravu, narazily americké jednotky na skupiny připravených, místních fanatických Němců a svedly tady téměř hodinový boj. Dva američtí vojáci byli při střetu zraněni.

Od Folmavy přes Spálenec a Pasečnici pročesávaly směrem do vnitrozemí tamní vesnice a lesy bojové oddíly 2. pěší divize 38. pluku plukovníka Francise H. Boose.

Netrpěliví občané se shromáždili 5. května na domažlickém náměstí a čekali na první osvoboditele. Do Domažlic vstoupili „indiáni" z 2. pěší divize od Stráže a Nevolic, kolem Chodského hradu a na náměstí se objevili před třináctou hodinou. Vzápětí dorazily společně se 741. samostatným tankovým praporem další pěší jednotky od Havlovic. Město osvobodily oddíly pod vedením kapitána Freda Hirrese a poručíka Roberta Gillberta z 38. pěšího pluku.

A jaké bylo svědectví pamětníků? –

„První americké hlídky postupovaly s puškami připravenými k palbě ulicí od Chodského hradu, k rohu náměstí, které již doslova tonulo v záplavě našich i spojeneckých vlajek. Těžko šlo popsat slovy obrovský křik a jásot, který se zvedl, když se první američtí vojáci objevili na domažlickém náměstí. Občané stáli ukázněně na chodnících před podloubími, protože byli poučeni, že vlastní plocha velkého náměstí musí zůstat volná. Pěšáci, se znakem indiána v bílé hvězdě na levém rukávu, se do náměstí rozcházeli ve dvou rojnicích, v rozestupu asi 50 kroků muž od muže – snad každý desátý měl na pušce pružnou anténu a telefonní sluchátko u ucha. Nikde se nezastavovali, postupovali směrem k bráně a současně jejich další linky stejným způsobem pochodovaly ulicemi souběžnými s náměstím. Tento postup se odehrával v naprostém pořádku a působil dojmem parády na cvičišti. Svoboda do města vpochodovala doslova parádním pochodem..."

Kolem chodské metropole už došlo jen k ojedinělým střetům, když tu Američané narazili na zbytky ustupujících německých armád. 5. května pozdě odpoledne se ještě bojovalo v Horšovském Týně, kde na americké pluky, postupující od nádraží, čekaly oddíly Hitlerjugend. Po skončení boje byli němečtí vojáci a mladíci z Hitlerjugend odzbrojeni a zajištěni v objektu pivovaru.

Právě proto, že američtí vojáci projížděli územím, kde na ně čekaly mnohé nástrahy, bylo samozřejmé, že průzkumné oddíly věnovaly zvláštní pozornost mostům, silničním zátarasům, osamělým budovám a kostelním věžím. Někdy i výstřel osamělého fanatika byl příčinou zastavení postupu a podrobného prozkoumání nebezpečného prostoru vpředu.

Během 6. května zajali vojáci 2. pěší divize mezi Domažlicemi, Horšovským Týnem a Holýšovem 8 000 fašistů...

Domažlice – Liberation – May 5th, 1945, 12:50 p.m.

The Spring of 1945, in the Domažlice region was marked by continuing air strikes by the American fighter bombers, the POW transports, and the "death marches" of labor camp prisoners. Once the Americans completed the destruction of the railroads, thousands of concentration camp prisoners were moved on foot by the SS guards. Local citizens witnessed many tragedies caused by the inhuman treatment of the desparately weakened prisoners.

By early April, the Western front approached the Czechoslovakian border and the retreating German units entered the county. The command of a German division, charged with defending the western border in the important sector of Všeruby Pass-Folmava, set up camp in Mrákov. The front was getting closer very quickly and the German units were forced to move exclusively by their own means as American air power caused a total breakdown of the railroad traffic.

Due to early reconnaissance XII Corps Headquarters was aware that the Germans along the Czech border were well organized and ready to resist. Behind the rugged, border mountain ranges the 7th German Army under General von Obstfelder was hidden and ready to fight. Divisions of this army retreated here from the Rhine River after unsuccessfully trying to stop the Americans there. However, until April 26th, the soldiers of the 90th Infantry Division encountered no major resistance during their advance. In spite of the forest, heavy terrain and muddy roads they were moving through. The turning point came in the Waldmuenchen-Furth area, where artillery and air support had to be employed.

It was in the Domažlice area, where the German 11th Armored Division caused the Americans to worry. The high mobility of this division presented a problem for the American infantry. The manpower of this division was estimated at 3,500, all experienced and fully armed men. This was a credible force not to be underestimated.

Although the German resistance in the field was gradually decreasing, their command respected Hitler's orders to defend every city as a fortress as long as possible and to use the surrounding deep forest for prolonged resistance.

The Allied assaults were accordingly focused on the assembly areas of German troops and the established points of resistance. For example, the community of Klenčí pod Čerchovem received a heavy bombardment. Once the Allied air reconnaissance reported the presence of a German military column, the local Mayor, Macek, and the German Police Commander were given a chance to surrender. When the deadline passed, eight fighter bombers dropped incendiary and high explosive bombs. Almost half of the 230 houses were destroyed. The fire's glare illuminated the whole region at the time.

The next day the Division reconnaissance men tried three times to cross the border into Czechoslovak territory, in the Folmava-Maxov-Všeruby sector, but each time they encountered a strong defense. The Americans had to employ the M 7 Priest howitzers at least two times, against the tanks in Všeruby and the artillery positions near Svatá Kateřina.

By the end of April, 1945, the front had already gotten so close to Domažlice, that the inhabitants heard loud and clear the thundering sound of artillery fire from the direction of Čerchov and Haltrava, and the shells started to hit targets around the Chodsko capital. In addition, the American ground attack planes intensively strafed every moving German column. On the 30th of April around noon three Thunderbolts destroyed a Wehrmacht column near the railroad station on the Klenčí-Trhanov highway. In the aftermath of the strike the so called "Lomikar Alley" was filled with wrecked APCs and other destroyed military vehicles. However, one of the planes touched a treetop with the tip of its wing. The plane crashed in the forest near Zadní hora pod Hrádkem and the pilot, First Lieutenant Kirkham, lost his life.

The retreating German units and the inhabitants of German villages in many places blocked the already barely passable roads with cut down trees. In the wide border region almost 8,000 cut down trees slowed down the U.S. Army advance, and the American Commanders had to accept the fact that since the crossing of the Rhine they had not encountered so many troublesome obstacles.

Many demoralized Wehrmacht units abandoned their combat positions and tried to approach the advancing Americans with the intention to surrender. Little did they know that by the end of April their would-be captors were temporarily slowed down in the Domažlice border sector. In this chaotic situation the SS Panzer division Therese started moving in the Domažlice County territory, following the breakthrough of the front near Tachov. These SS units forced the retreating Wehrmacht to resume new defensive positions, also not without dramatic moments. For example, on the slopes of the Čerchov and Malinová mountains, the soldiers of both German armies clashed and several Wehrmacht infantrymen were hanged for desertion.

The 90th Infantry Division finally achieved a major success on the 30th of April, when two battalions of the 358th Regiment made a breakthrough in Capartice following a two day battle in the woods. During the fight in the deep forest around Černá Řeka the Americans lost two tanks, 6 soldiers were killed, and 28 wounded. Only by evening did the U.S. infantrymen succeeded in clearing the enemy out of several kilometers of forest, destroying one tank, and taking 110 POWs. Other units of the 359th Regiment advanced up to Česká Kubice, but their further advance on Babylon was stopped by the German defenders at a price of two destroyed German tanks. In Myslív, a small border village near Všeruby, the U.S. reconnaissance men surprised a group of German soldiers by a quick mission. In the fighting 7 Nazis were killed and another 12 surrendered.

On the following day, May 1st, the 90th Infantry carefully entered without armed resistance Klenčí, Chodov, Pec, Nový Postřekov, and Pařezov.

Since the end of April the villages around Domažlice witnessed a lot of traffic. The army units of General Vlasov, German refugees, and also the foreign workers, who were forced to work for the Third Reich, were passing trough. The Command and Staff of the German division defending the important border sector from Všeruby Pass to Folmava was forced to relocate from Mrákov to the more distant Švihov. The American Artillery even shelled Domažlice for several days and, as a result, white flags went up in the town. However, they had to be immediately taken down again by orders of the German Command. A local public address system announced that the owners of all white flagged houses would be executed. In Horšovský Týn, a small town populated by ethnic Germans, all units of the local self-defense force under Hauptsturmfuehrer Meixner went to work in order to establish roadblocks and prepare a network of resistance strongholds.

In any case, the overall collapse of the German Army was accelerating. Even the artillery batteries around Domažlice, which had shelled the American positions just hours before, left their positions. The 90th Infantry Division achieved some success at the very end of it's mission after taking Všeruby. The culmination came in the morning of May 4th, when the soldiers of the 2nd Infantry Division brought in from Cham a German parliamentarian with a blind over his eyes. He was authorized by LtGen. Wend von Wietersheim to offer the surrender of all units comprising his 11th Armored Division.

The surrender of the German general and his deputy, von Buttler, was accepted at 11 a.m., in a military tent in Všeruby, by the Commander of the 90th Infantry Division, Major General H. L. Earnest. In front of the amazed and combat worn American soldiers, all the 9,050 perfectly dressed and equipped men of Wietersheim's division came forward to lay down their weapons, including 700 trucks, 300 cars, 120 off road vehicles, 85 half-track APCs, almost 40 tanks, and 59 artillery pieces. The whole act took 24 hours and, during the night, the long procession heading for Germany had to be illuminated by searchlights.

More Nazi notables surrendered in this area, including Field Marshall Edward von Kleist, the former Commander of the Army Group A in the Northern Caucasus and Crimea, LtGen. Francis Farkas de Kisbarnack, the former Commander of Hungarian 8th Corps, MjGen Russworm, the Chief of Signal Corps, and the three-star Gen. Dr. Deyrer, the Chief Justice of the 8th Army District.

Even earlier, while still operating in Eschlkam, Germany, the headquarters of the 2nd Infantry Division gained access to important Nazi defense plans of the Všeruby Pass and Folmava area fortifications, due to the courage of Czechoslovakian Army Lieutenant Colonel Josef Herget.

After taking Leipzig, Germany, the 2nd Infantry Division was due for rotation for accomplishing their mission. They relocated to the Chodsko region to replace the 90th Infantry Division. Soldiers of the famed 90th Infantry Division entered Europe at Utah Beach, June 7th, 1944, and distinguished themselves in some of the fiercest battles of the whole West European campaign. They fought their way through most of Western Europe, up to the last, tough combat in the rugged terrain of the southern part of Český Les and the Šumava mountains. Now it was left to another experienced unit, the 2nd Infantry Division under Major General Robertson, to enjoy the welcome and celebrations in the Czech interior cities and villages expecting liberation.

When the Czechoslovakian flag was hoisted on the Hrádek high triangulation tower on the morning May 4th, 1945, it generated ovations and excitement in the whole city of Domažlice. During these hours, the German military hardware and vehicles were passing through many Chodsko communities, to places designated for the mass surrender. The last Nazi units left their Domažlice barracks during the night of May 4th.

On the same day in the morning, the American divisions of the V and XII Corps resumed major advance into the Czech interior with a powerful push. Some units of the 2nd Infantry Division, for example the 9th Regiment under Col. Philip D. Ginder, advanced from Všeruby via Brůdek on Kdyně, while other units advanced on Hluboká, Loučim, and further on to Klatovy. The third combat formation advanced to Kout na Šumavě, in order to join units arriving there in the direction of Mrákov and Tlumačov.

From the direction of Folmava via Spálenec and Pasečnice additional combat units of the 38th Regiment of the 2nd Infantry Division under Col. Francis H. Boos cleared the surrounding woods and villages of the enemy.

On the 5th of May, the impatient citizens of Domažlice assembled in the city square and waited for their liberators to come in. The first to arrive were the "Indianheads" of the 2nd Infantry Division, coming from Stráž and Nevolice, around the Chodský Castle. They reached the city Square just before 1 p.m., followed by other infantry units moving in from Havlovice, together with the 741st Independent Tank Battalion. The city was liberated by units commanded by Captain Fred Hirres and Lt. Robert Gillbert of the 2nd Battalion, 38th Infantry Regiment, 2nd Infantry Division.

One eyewitness recalls:

"The first American patrols moved in with rifles ready to fire up the street from the Chodský Castle to the corner of the square, which was flooded with flags, ours as well as Allied. You can hardly describe all the cries of joy and excitement which sounded from all directions the very moment the first American soldiers appeared in the city square of Domažlice. The disciplined citizens stood on the sidewalks under the garlands because they were told that the central area of the big square must remain clear. The infantrymen, with their famous insignia of an Indian inside the white star on their left sleeve, split their column on the Square into two separate lines, some 50 steps apart. Perhaps each tenth soldier had his rifle equipped with a whip antenna and kept a telephone earphone (walkie-talkie) close to his ear. They never stopped but kept walking to the gate and concurrently their other lines moved in the same fashion through the streets parallel with the city square. In this way they moved forward in perfect order resembling a parade on the exercise grounds and with them the freedom moved in..."

In the area surrounding the Chodsko capital, only occasional skirmishes took place when the Americans encountered some stray remains of the retreating German armies. On the afternoon May 5th, a minor shoot-out took place on the outskirts of Horšovský Týn, where the Hitlerjugend units waited in ambush for the advancing Americans.

Because the American soldiers were passing through territory full of booby traps, it was logical that the reconnaissance units checked all bridges, roadblocks, isolated buildings, and church towers very carefully. Sometimes a single shot of a lone fanatic caused a temporary stop to the advance and forced a new reconnaissance mission into the dangerous area ahead.

By the 6th of May, the soldiers of the 2nd Infantry Division captured 8,000 Nazi POWs in the area between Domažlice, Horšovský Týn, and Holýšov.

▲ **5. května 1945 – vzrušení obyvatelé Domažlic čekají na americkou armádu.**
The excited inhabitants of Domažlice expecting the U.S. Army arrival on the afternoon of May 5th.

▼ ▲ **Před 13. hodinou přicházejí na náměstí od Chodského hradu první pěšáci 38. pluku 2. pěší divize.**
Just before 1 p.m., the first soldiers of the 38th Reg., 2nd Infantry Division, entered the city Square after passing by Chodský Castle.

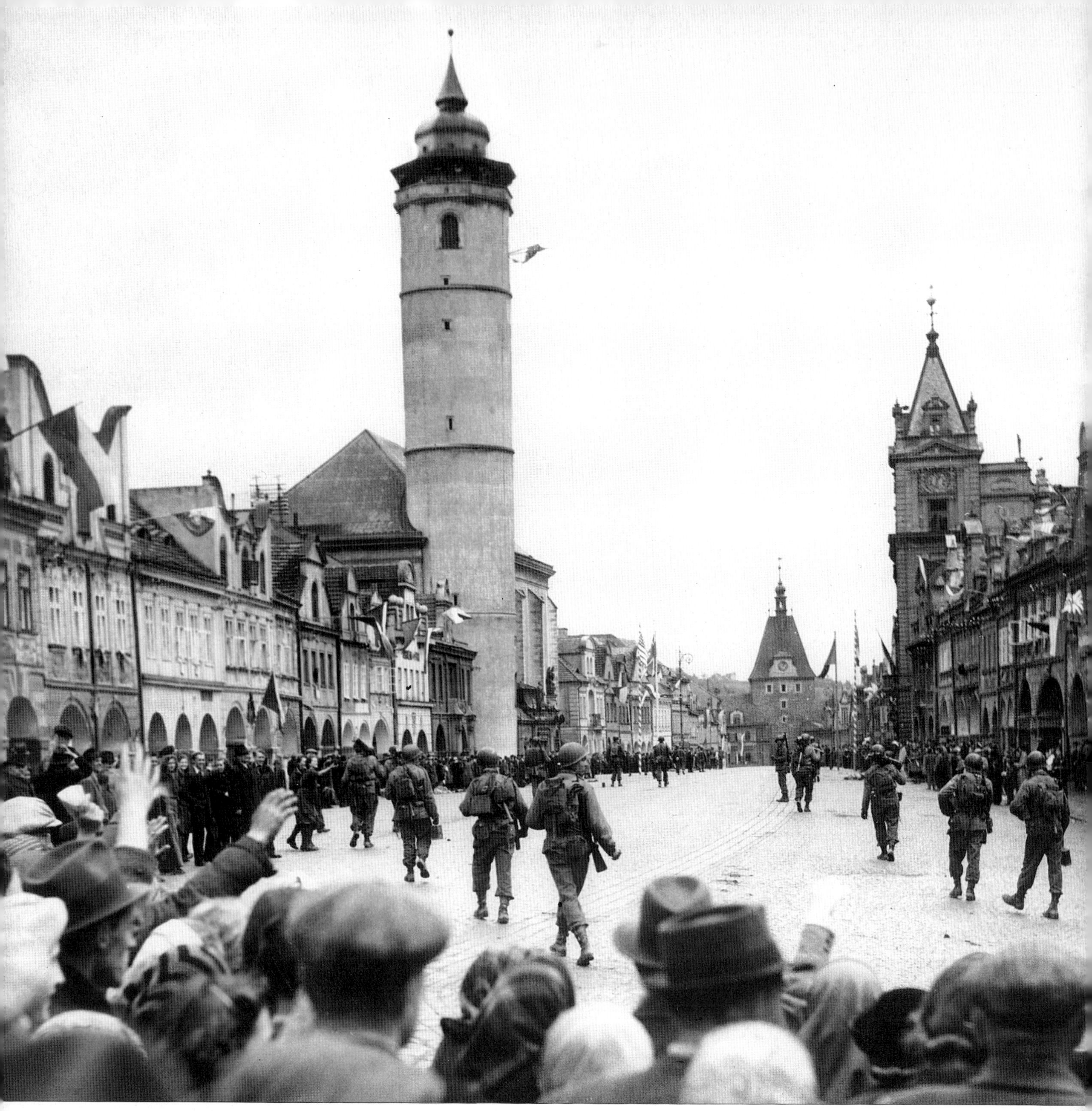

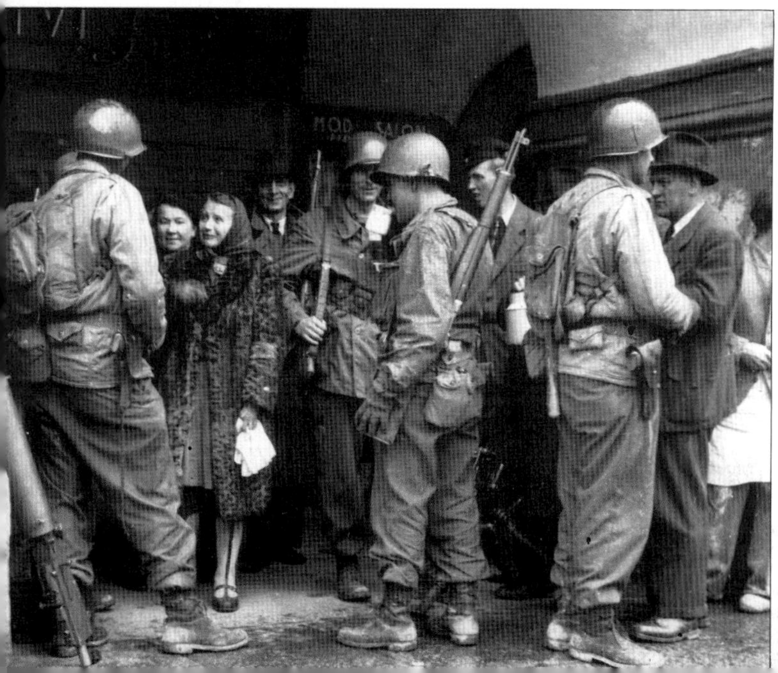

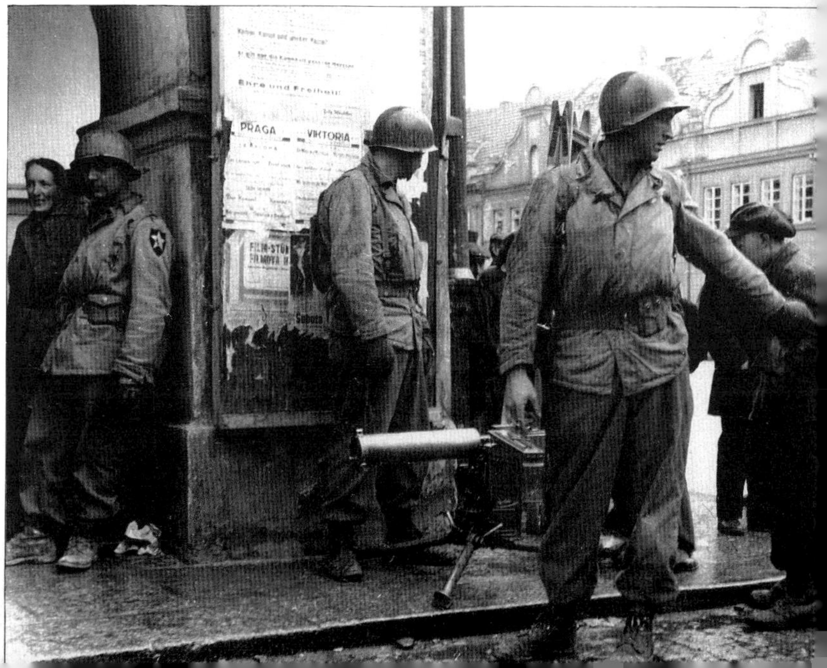
PRAGA
VICTORIA

■ **Starobylé Domažlice jsou svobodné, Američané obsazují střed města a přilehlé ulice. Jedno z prvních pozdravení s chodskými dívkami.**

The old city of Domažlice is free. Americans in control of the city center and the nearby streets. First greetings with local girls are soon to follow.

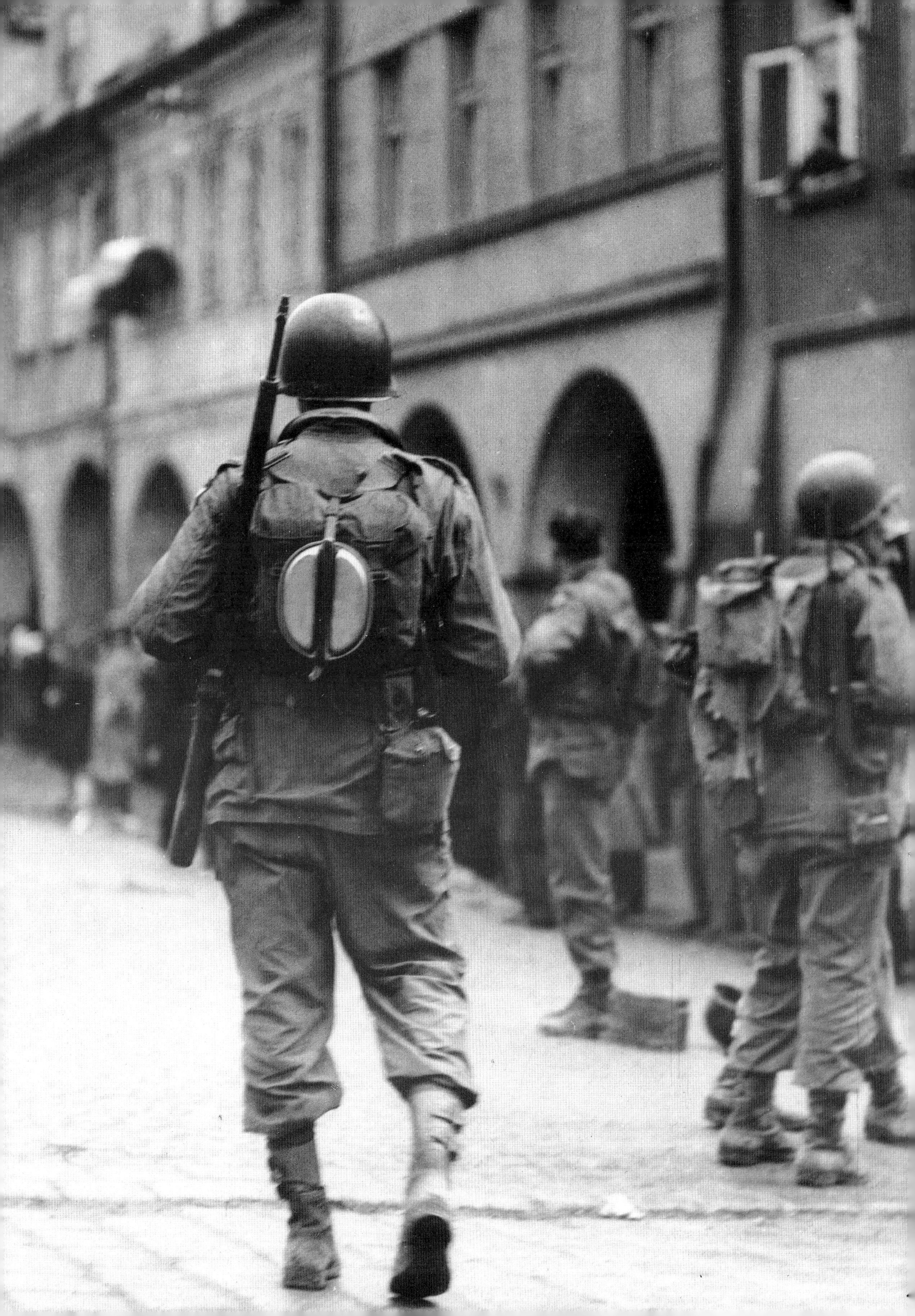

■ Na válečné cestě 2. pěší divize z Omaha Beach do Plzně, dlouhé 2 800 km, byly malebné Domažlice prvním ryze českým osvobozeným městem.

The picturesque city of Domažlice was the first genuine Czech town the 2nd Infantry Division liberated along the 2,800 km long war path from Omaha Beach to Plzeň.

▼ Bojoval ve Francii a v Německu, teď ho vítá krojovaná žena s čerstvě nakrájenou bábovkou.

He was fighting in France and Germany. Now he is welcomed by a local woman in traditional dress offering fresh slices of Czech "bábovka" cake.

▲ ▲ **Poručík Gillbert, jeden z velitelů jednotky, v radostné atmosféře na náměstí.**
　　Lt. Gilbert, one of the unit Commanders, amid the joyfull air of the Square.
▼ **Domažličtí nesou na ramenou svého rodáka podplukovníka Matta Konopa, člena štábu 2. pěší divize…**
　　The people of Domažlice celebrate by carrying LtCol. Matt Konop on their shoulders, the 2nd Infantry Staff Officer and a native son of their own…
▶ ▼ **… ale válka ještě neskončila.**
　　… but the war is not over yet.

- **Američané eskortují skupinu německých vojáků zajatých po krátkém boji v jednom z domů pod náměstím.**
  Americans escort a group of German soldiers captured after a short fight in one of the houses near the Square.
- **Zpupní Němci jsou nuceni za asistence amerických pěšáků nést nad hlavou československou vlajku.**
  The arrogant Germans are humiliated by being forced to carry a Czechoslovakian flag over their heads.
- **Od Havlovic přijíždějí lehké tanky M 5 A1 Stuart ze 741. samostatného tankového praporu.**
  Tanks of the 741st Independent Tank Battalion arriving from Havlovice.

◀ **Slavný tank M 4 A1 Sherman projíždí starobylou Dolní bránou.**
The famed Sherman tank passing through the historic Lower Gate.

▶ **Američtí vojáci brzy poznali, že jsou osvoboditeli spojeneckého státu a rádi zapomínali na nevraživost a odpor při postupu Německem.**
American soldiers soon realized that they are liberators of an Allied state and were glad to forget the resentment and resistance experienced in Germany.

◀▼ **Lehký tank Stuart zastavil před ateliérem Foto Tauber.**
The Stuart light reconnaissance tank in front of Tauber photography studio.

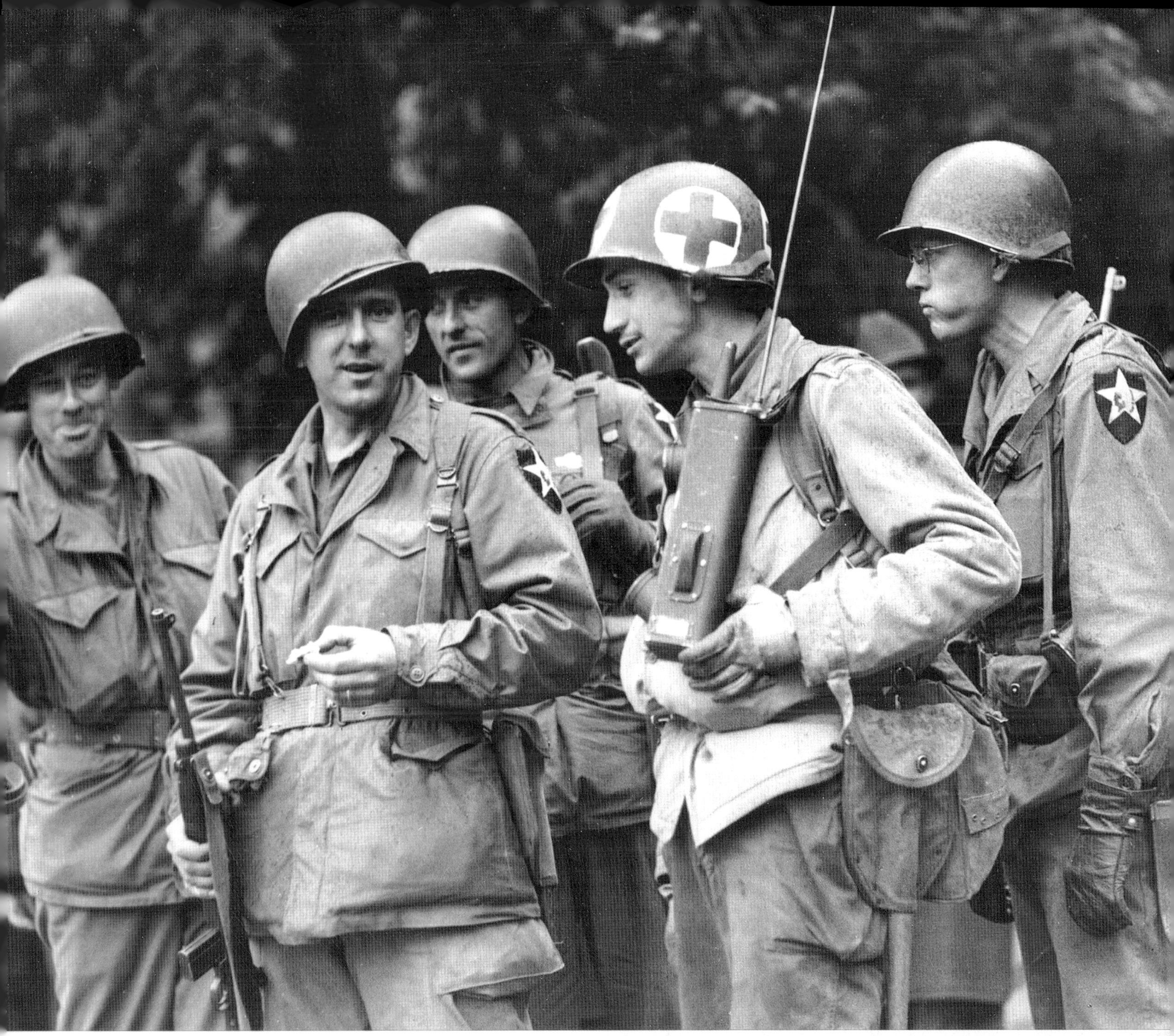

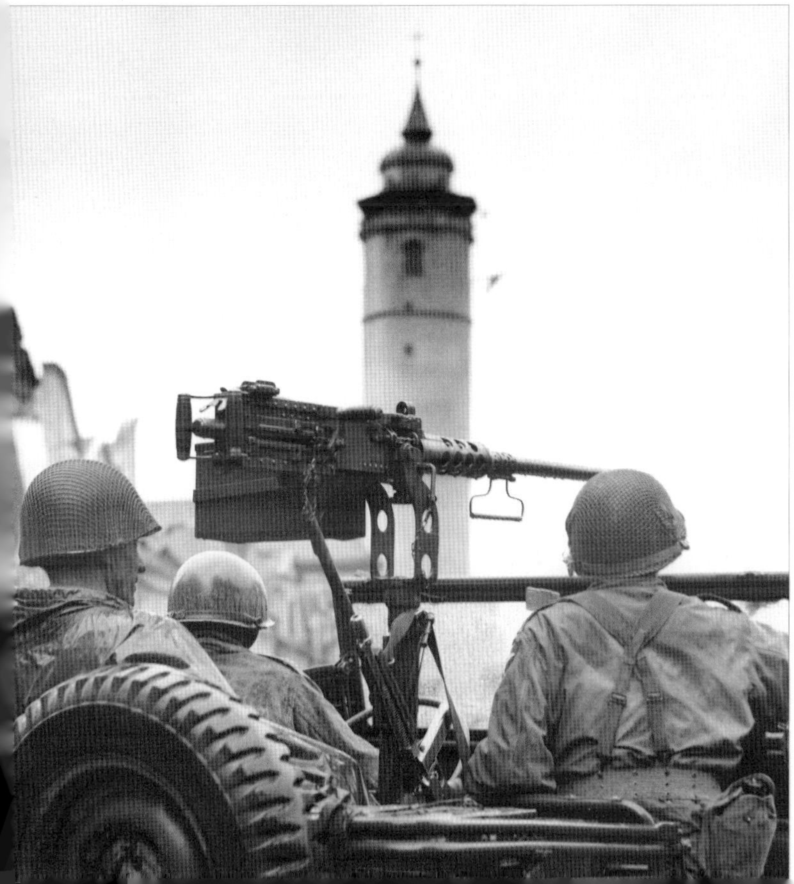

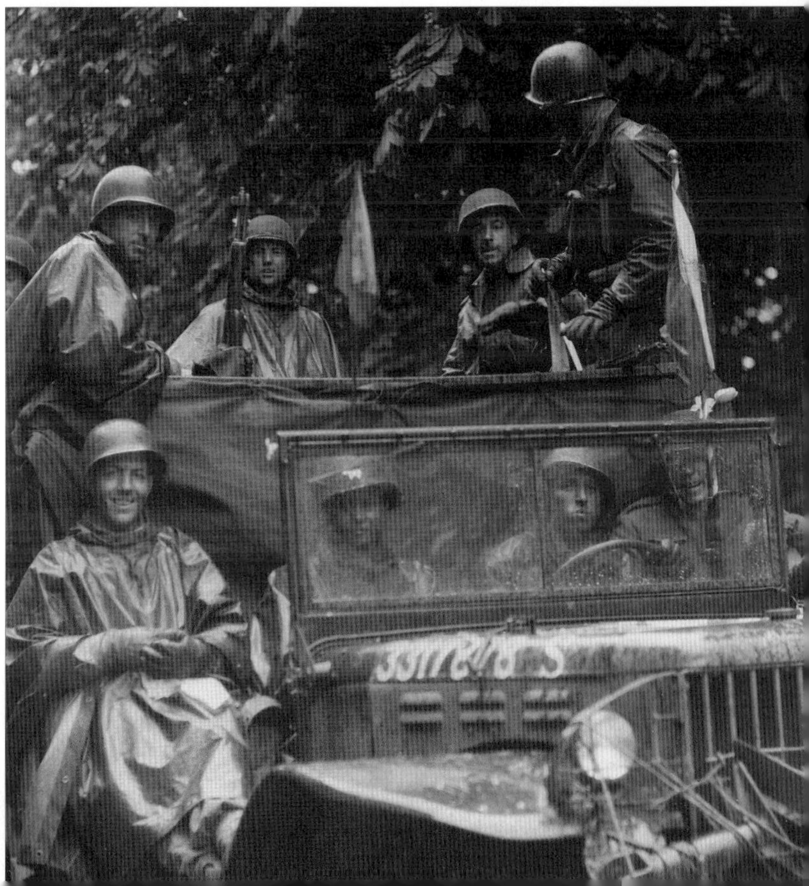

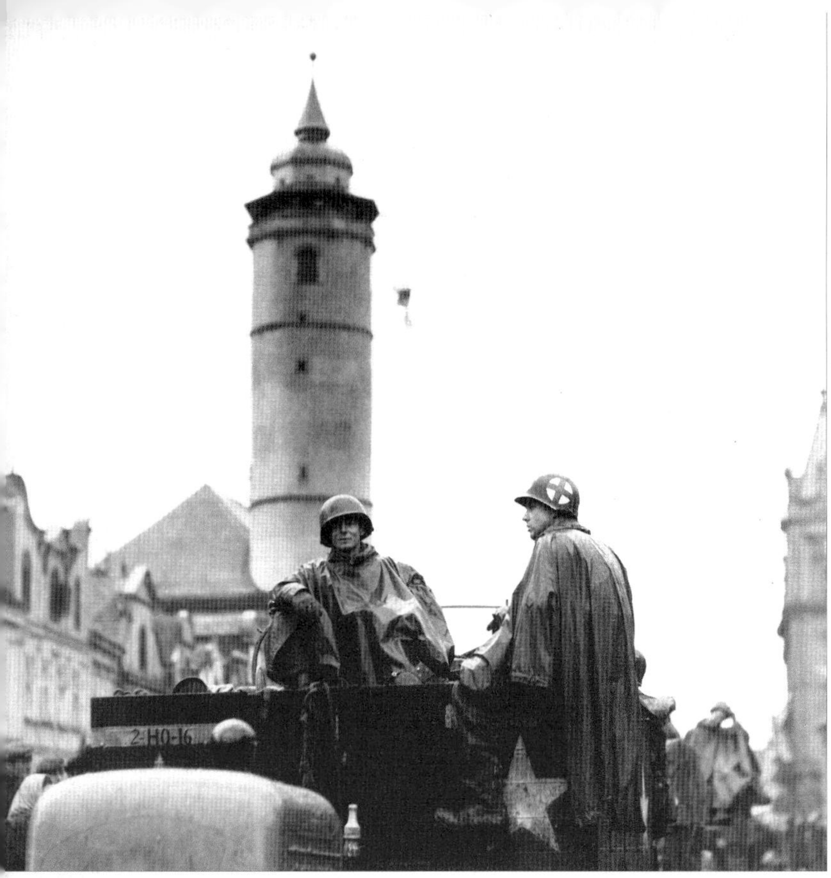
2-HO-16

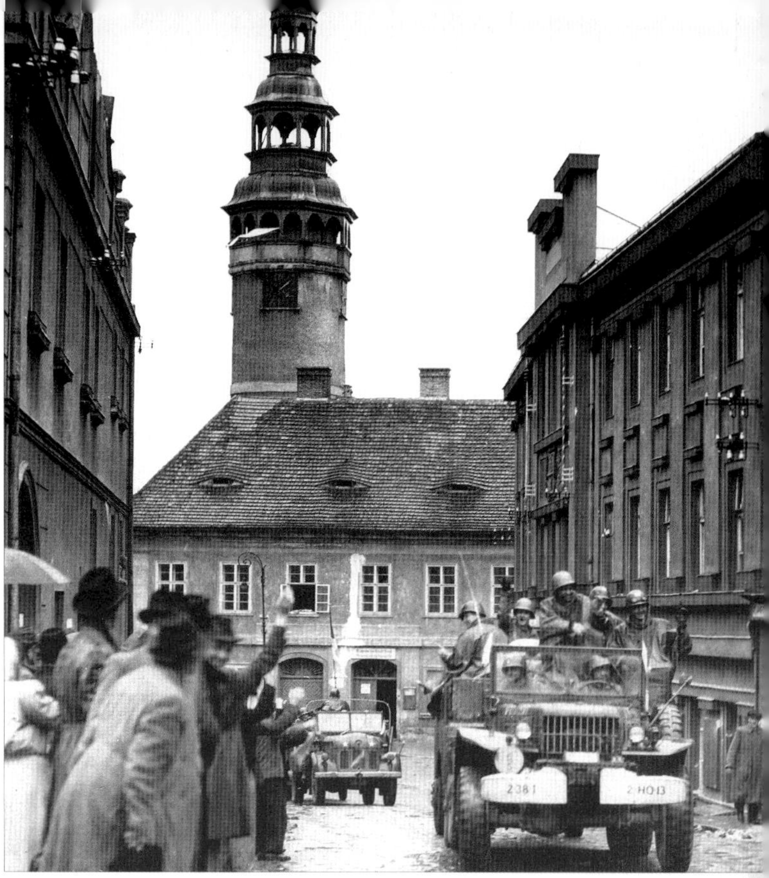
2381
2-HO13

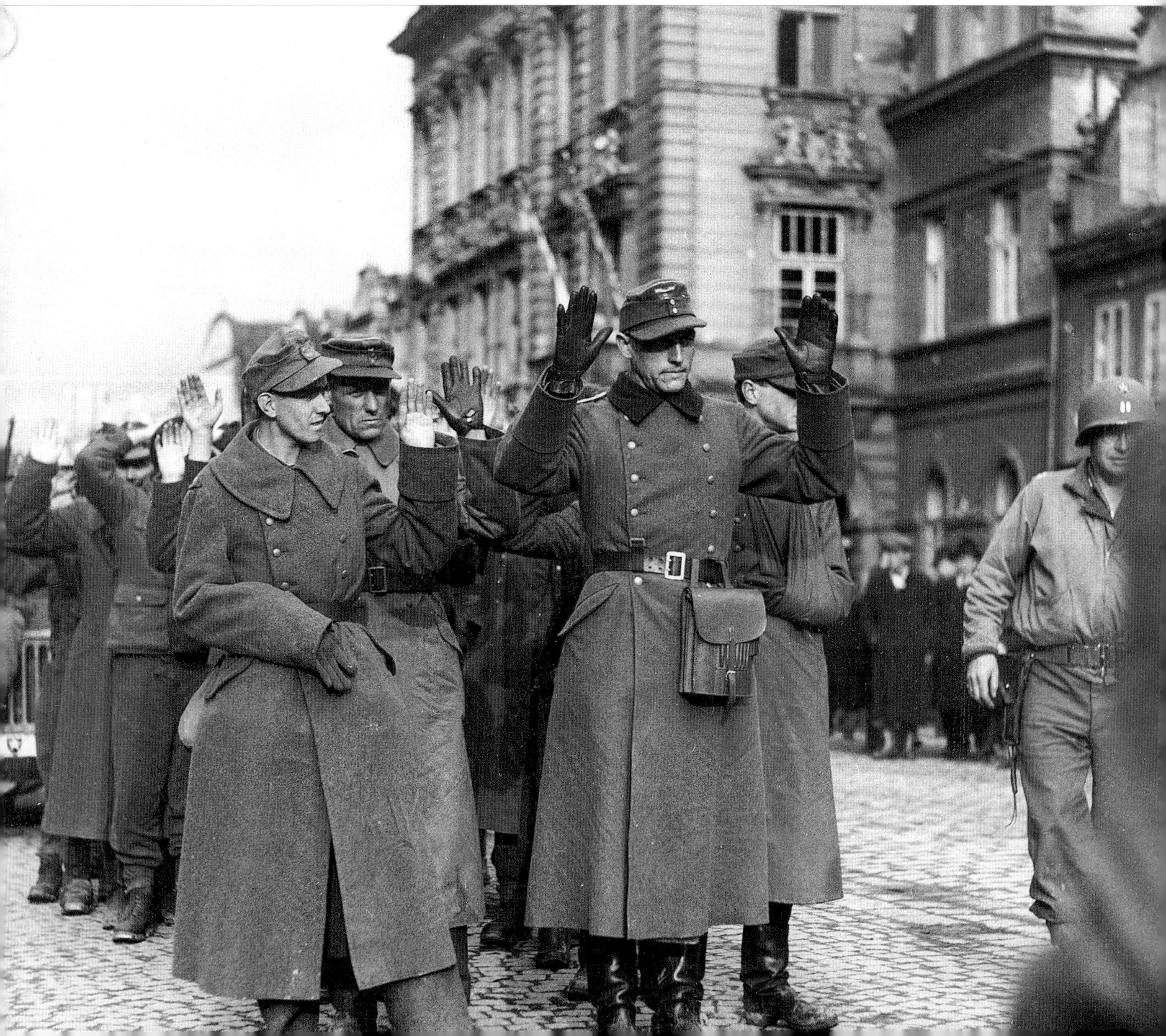

▲ **Kdyně 5. 5. po 9. hodině – první průzkumný tank 2. pěší divize přijel na náměstí.**

Kdyně, May 5th, after 9 a.m. The first reconnaissance tank of the 2nd Infantry Division on the Square.

◀ **6. 5. dopoledne – plukovník Ginder hovoří na náměstí při slavnosti k občanům Kdyně. Ženy v krojích tancují s vojáky 2. pěší divize „chodské kolečko".**

During the celebration on the afternoon of May 6th, Col. Ginder is addressing the local citizens. Local women in traditional dress dance with the 2nd Infantry Division soldiers.

Klatovy 5. května 1945, 21.25 hodin

Také na Klatovsku a Sušicku útočili na jaře roku 1945 američtí hloubkaři na železniční tratě a důležité dopravní uzly. Právě po kolejích mezi Bavorskem a protektorátem se přepravoval důležitý válečný materiál pro bojující Wehrmacht. Proto bylo například klatovské nádraží a jeho okolí pravidelně napadáno spojeneckými letadly a vše vyvrcholilo 20. dubna velkým ničivým náletem. Po ránu zaútočilo ničivou silou 26 hloubkařů a v půl dvanácté dílo zkázy dokonaly dva svazy amerických bombardovacích letadel.

Stejně jako např. na Domažlicku i v této oblasti se v druhé polovině dubna objevovaly tzv. transporty smrti, doprovázené oddíly SS. I tady se odehrálo mnoho krvavých tragedií při zacházení a likvidaci zbídačených vězňů nebo válečných zajatců.

Když americké velení přesměrovalo své divize do Československa, bylo na Klatovsku využito k postupu hornatého prostoru Železnorudského průsmyku a Svaté Kateřiny. Některé německé jednotky ve svých pozicích očekávaly pomoc Schörnerovy armády z centra Čech, a proto se rozhodně nechtěly vzdát bez boje.

Na konci dubna, za nepříznivého počasí, prováděli příslušníci americké 90. pěší divize zajišťovací akce a vyčišťovací boje v oblasti Alžbětína a 28. dubna byla obsazena obec Svatá Kateřina.

Německý velitel Kreutzträger, který se svým štábem sídlil v hotelu Javor, se marně snažil přimět utíkající vojáky bránit Železnou Rudu a tak sám na konci dubna unikl s oddílem SS směrem na Hůrku.

V úterý 1. května před 15. hodinou přijelo do Rudy, ověšené bílými prapory, prvních sedm amerických tanků 2. jízdní průzkumné skupiny a pokračovaly dále na Špičák. Tato elitní průzkumná jednotka XII. sboru byla štikou při rychlých vojenských operacích a své schopnosti dokázala například dobytím Aše 20. dubna. K bojům došlo na severním a východním předměstí, více než 90 nacistů padlo a 300 bylo zajato. Několikahodinový boj utichl až v půl sedmé večer a Američané měli na své straně i první ztráty na československém území. Vojáci z 2. jízdní obsadili i Rozvadov, kde se jim podařilo překvapit jednotky německé 7. armády, operující podél české strany hranice.

Pověstnou akcí této průzkumné skupiny se stal i dobrodružný výpad do osady Hostouně, severozápadně od Horšovského Týna. Na tamní velkostatek pronikla na konci dubna z německého pohraničního městečka Eslarnu, přes Bělou nad Radbuzou, motorizovaná hlídka kapitána Stewarta. Ve hře bylo tehdy stádo ušlechtilých koní, které se podařilo i s 60 spojeneckými zajatci, po úspěšném vyjednávání s Němci, převést v noci 30. dubna za americké linie. Jeden americký voják při nečekané přestřelce na zpáteční cestě padl a další byl zraněn. Kořistí Američanů se později stalo i 750 leteckých motorů, uskladněných v hospodářských budovách.

Dne 3. května už bylo v Železné Rudě 2 500 amerických vojáků, ale ve městě a jeho okolí bylo v té době rozmístěno 16 000 uprchlíků, zajatců a raněných, nejrůznějších národností! Poničené, vydrancované hotely a penziony byly přeplněné.

Od Svaté Kateřiny postupovala 90. pěší divize, za podpory dělostřelby, Račím údolím pomalu na Nýrsko, z důvodu silné německé obrany jednotek SS a Volksturmu kolem města a okrajů lesa pod hradem Pajrek. V neděli 29. dubna byl ostřelován místní kostel s okolím, a když velitel SS zakázal vyvěsit v Nýrsku bílé prapory a vzdát se, pokračovala dělostřelba až do pozdního odpoledne. Na ulicích leželi mrtví a ranění civilisté.

Mnoho německých obyvatel z tamních vesnic uniklo v panickém strachu před dělostřelbou do lesů a nenávist ke spojencům tu byla obrovská. Ve Skelné Huti dokonce zfanatizovaná dvanáctiletá dívka rodiny Zieglerů odpálila pancéřovou pěst na americký tank, jedoucí v čele. Za nastalé vřavy americké zbraně zapálily několik domů, jejichž plameny nikdo nehasil.

Ještě 1. května situace v Nýrsku nebyla vůbec jednoduchá a nebylo jasné, kdo ovládl město. Odpoledne tu Američané hledali skryté příslušníky SS, ale na noc se raději stáhli a druhý den se ve městě pohybovali opět vojáci v uniformách Wehrmachtu. Dne 2. května americká armáda zahájila v tomto směru nový útok, což souviselo s dalšími střety s nepřítelem.

V prvních květnových dnech obsadil také oddíl SS s vysílačkou známou lyžařskou Juránkovu chatu na Svarohu nad Špičákem a při stíhání americkými hlídkami jí nacisté ve vzteku vyhodili do povětří a zapálili. Bojovalo se i v okolí obce Hůrka, kde se Američané, po předchozím ujištění německého starosty, že se vojáci už stáhli, dostali do léčky a byli nečekaně zasypáni střelbou. Rozhodující zlom v tomto předvečerním střetu přišel až s vyžádanou dělostřeleckou podporou od Železné Rudy. Část z pětadvaceti „esesáků", kteří do tohoto prostoru unikli od Železné Rudy, byla po boji zajata, zbytek padl. Na americké straně bylo několik raněných.

V té době se už ale začínala vzdávat vojska Wehrmachtu a jeho příslušníci odjížděli složit zbraně do Železnorudského průsmyku a na Svatou Kateřinu. Celé tři dny projížděly německé vojenské kolony s bílými prapory Janovicemi a Nýrskem. Mezi 6. a 8. květnem tu přejde do zajetí 50 000 nacistů, např. z 2. tankového sboru SS a části divizí 8. armády! Tyto události vzaly odvahu i posledním fanatickým bojovníkům z řad SS a Volksturmu a tak mohlo být Nýrsko 4. května definitivně obsazeno.

Bez problémů se neobešly americké oddíly ani při postupu ve směru na Čachrov. U obce Javorná zaútočili Němci prudce na průzkumnou četu, která vesnici právě osvobodila. Američané byli nuceni stáhnout se a napadený oddíl se musel probít z obklíčení. Noc strávili vojáci z 2. průzkumné skupiny v okolních lesích, kde museli vyčkat na pomoc. Dva její příslušníci tu při ústupu zahynuli.

5. května kolem třetí hodiny odpolední dorazily do Janovic dva americké lehké průzkumné tanky, jeden zastavil u Sokolovny, druhý na náměstí. Po malé oslavě promluvil americký velitel do místního rozhlasu. Američtí vojáci s sebou odvezli spojenecké zajatce a další jednotky sem přijely 6. května v deset hodin dopoledne.

Hladký postup spojenců v té dramatické době zajišťovali důstojníci amerických zvláštních služeb OSS, kteří měli jediný úkol: zajistit, aby se německé posádky ve vnitrozemí vzdaly a nedocházelo tak ke zbytečnému krveprolití.

Jako v mnoha jiných městech i v Klatovech místní lidé nevydrželi napjatou situaci a za zajímavých okolností tu vypuklo 5. května povstání. Pražský rozhlas volal o pomoc bojující Praze a všichni věděli o nebezpečí ze strany gestapa,

Schutzpolizei a samozřejmě početných posádek Wehrmachtu. Když se odpoledne objevilo nečekaně na klatovském náměstí před hotelem Bílá růže auto s třepetající se státní vlajkou a vystoupili z něj čtyři ozbrojení civilisté, začal dav lidí zpívat československou hymnu. Došlo ke strhávání německých nápisů, hákových křížů a orlic. Automobil s četařem Palíkem, pověřeným plzeňským Revolučním národním výborem žádat o pomoc americkou armádu pro povstaleckou Plzeň, odjel později směrem na Luby. Klatovské občany, kteří považovali ozbrojené muže za partyzány, už ale nic nemohlo zadržet. Skupiny povstalců zastavovaly a napadaly posádky projíždějících německých vozidel.

Služebna gestapa pod vedením Hermana Winkelhofera se v podstatě rozpadla a velitel Wehrmachtu na základě vzniklé situace vydal rozkaz, aby se jeho oddíly stáhly do kasáren. Nedocházely už žádné rozkazy, spojení bylo přerušeno a navíc hrozilo nebezpečí ze strany Revolučních gard. Bohužel i v Klatovech, v posledních hodinách války, umírali lidé pod palbou fanatických členů Volksturmu z oken sídla NSDAP a situaci musel paradoxně řešit Wehrmacht pod vedením majora Horna.

S pomocí amerických parlamentářů, jejichž jeep s bílou vlajkou se před šestnáctou hodinou objevil na náměstí, došlo v kasárnách pod Černou věží k dlouhému jednání o možné kapitulaci. Za nevyjasněných okolností bylo zastřeleno v podvečer na lubské silnici z projíždějících německých vojenských vozidel směrem na západ, pět českých civilistů. Klatovy tak netrpělivě a s napětím čekaly na první americké jednotky.

Po jednadvacáté hodině, 5. května večer, vjely první tanky a jeepy 2. jízdní průzkumné eskadrony XII. sboru na klatovské náměstí. Nadšení civilisté začali zpívat hymnu a velitel oddílu kapitán Bill Cunningham převzal vzápětí z rukou majora Horna oficiální kapitulaci německého vojska. Ještě večer do města dorazil malý předvoj 2. praporu 9. pluku 2. pěší divize. Klatovy s charakteristickou siluetou Černé věže byly osvobozeny. Po šesti letech stálého zatemnění se rozzářil poničený neon na obchodu Baťa. Z otevřených osvětlených oken se neslo provolávání slávy. Každý chtěl pozdravit stiskem ruky první posly svobody a nadšená atmosféra trvala až dlouho do noci. Americké tanky ale na náměstí a v jeho okolí zaujaly strážní postavení, byla přece ještě válka!

I následující den, 6. května, když do Klatov přijely další jednotky 2. pěší divize, museli Američané řešit kapitulační procedury s nacisty, kteří nechtěli pochopit novou realitu svobody.

Dopoledne pokračoval mohutný proud vojenských kolon 2. pěší divize od Domažlic a Klatov směrem na Přeštice a Plzeň. Přeštice osvobodila ve 13.30 hodin 38. eskadrona 102. průzkumné skupiny V. sboru. Německé město Dobřany, nacházející se ještě v Sudetech, bylo předáno Američanům bez boje. Protože se nacisté chtěli vzdát pouze americké armádě, odmítl velitel německé policie předat správu města 5. května do českých rukou. První tři jeepy s americkými důstojníky přijely do Dobřan 6. května po 13. hodině. Šestitisícová posádka se vzdala a byla zajata bez jediného výstřelu.

K dramatické situaci došlo ještě 8. května v Klatovech. V noci k městu dorazila od Nepomuku silná německá kolona obrněných transportérů s pěti tanky. Sebevědomí nacisté odmítli po jednání s Američany kapitulaci a chtěli pod hrozbou střelby zajistit volný průjezd do Bavorska. Ve městě nastalo zděšení – budou snad ještě další mrtví? Američané po několikahodinovém neúspěšném vyjednávání povolali na pomoc letku Thunderboltů, obávaných hloubkařů a ti přivedli po čtvrthodinovém náznaku přímého náletu německé tankisty k rozumu. 800 německých vojáků se nakonec bez odporu vzdalo Američanům.

Klatovy - Liberation - 5th of May 1945, 9.25 p.m.

In the Spring of 1945 the American fighter bombers also attacked the railroad lines and important transportation centers in the Klatovy and Sušice regions. The railroad line between the Protectorate and Bavaria was used to resupply the fighting Wehrmacht. For this reason the Klatovy railroad station and the surrounding area was attacked repeatedly by the Allied planes. The most severe air strike took place early in the morning of April 20th, when 26 fighter bombers attacked the station with great destructive force. By 11:30 a.m. the destruction was completed by two formations of American bombers.

During the second half of April in both the Klatovy and Domažlice areas there was much evidence of the so-called "death marches" of prisoners forced to move under the oversight of accompanying SS guards. Even here many bloody tragedies took place when the poor prisoners and POWs were mistreated or killed.

When the American Command redirected their divisions to Czechoslovakia, in the Klatovy region two passageways were used to cross into the border mountain range, Železná Ruda Pass and the Svatá Kateřina highway. Some German units deployed there expected help from Schoerner's Army positioned in Central Bohemia and were resolved not to surrender without a fight.

In the foul weather by the end of April the 90th Infantrymen were engaged in securing and mopping-up operations in the Alžbětín area. On the 28th of April the community of Svatá Kateřina was theirs.

The local German Commander Kreutztraeger, residing with his Staff in the Javor hotel, tried in vain to stop his fleeing soldiers and persuade them to defend the small border town of Železná Ruda. By the end of April, when he realized the futility of his effort, he ran away himself under the protection of SS units in the direction of Hůrka.

On Tuesday, May 1st, before 3:00 p.m., the first seven American tanks of the 2nd Cavalry Reconnaissance Group arrived in Železná Ruda, which was already decorated with white flags and proceeded further on to Špičák. This superb reconnaissance unit was the hot shot of many speedy military operations. This was demonstrated, for example, by their taking of Aš on the 20th of April. The battle took place in the north and east suburb. It took several hours and ended at 6:30 p.m. Over 90 Nazis were killed and 300 were captured. Here the Americans took their first casualties on Czech soil. The same unit also took Rozvadov in a lighting fast mission, surprising the German soldiers of the 7th Army operating along the Czech side of the border.

The adventurous raid of this devoted unit on Hostouň, a tiny settlement located northwest of Horšovský Týn, became legendary, resembling a Hollywood Western. By the end of April a motorized patrol under Cp. Stewart left Eslarn, a small German border town, crossed the border, and via Bělá nad Radbuzou sneaked inside a large thoroughbred farm in Hostouň, where the soldiers managed to "successfully negotiate" with local Germans. By the 30th of April under the cover of night the soldiers got away with a complete herd of valuable horses, driving them across the border to the American lines. In the process, they also freed 60 Allied POWs. On the way back, though, one soldier was killed and one wounded in an unexpected shoot-out. Later the Americans also captured 750 aircraft engines stored on the same farm in stables and hay barns serving as a makeshift warehouse.

By the 3rd of May there were already about 2,500 U.S. Army troops in Železná Ruda. In town and the near vicinity up to 16,000 refugees, runaways, transients, captives, POWs, labor camp prisoners, and wounded people of all kinds were looking for shelter. The damaged, ransacked hotels and pensions of this small mountain resort were bursting at the seams.

From Svatá Kateřina the 90th Infantry Division advanced through Račí Valley with active artillery support in the direction of Nýrsko. The advance was slow due to the strong defense of the SS and Volksturm units deployed around the city perimeter and along the edge of the woods under the Castle Pajrek ruins. Sunday, April 29th, the local Church building and the surrounding area was shelled. Since the SS Commander in Nýrsko prohibited raising white flags, the shelling continued until the late afternoon.

Many local Germans, fearing the artillery fire, fled in panic to the woods and the Allies were very much hated. In Skelná Huť a brainwashed 12-year-old girl from the Ziegler family even fired a Panzerfaust bazooka aimed at the leading American tank. The response was swift and severe and the heavy machine gun fire set several houses ablaze. Nobody dared bring the fire under control.

Up to May 1st, the confusing situation in Nýrsko was far from being resolved and it was not at all clear who was really in charge. In the afternoon the Americans were in town looking for some SS men in hiding there. They retreated for the night and the next day troops in Wehrmacht uniforms again moved in and throughout the small city.

On the 2nd of May the U.S. Army resumed its advance and encountered the enemy again. During the first days of May the SS detachment equipped with a radio transmitter occupied the popular Juránkova chalet in Svaroh above Špičák. The chalet was later burned down by the enraged Nazis in revenge for being chased by American patrols. Another fight took place in the vicinity of Hůrka village, where the Americans were ambushed. In spite of assurances given by the local Mayor that all Nazis had already pulled out, the Americans were suddenly shot at. Only in the evening hours did the requested artillery support from Železná Ruda decide the outcome of the clash. Some of the twenty-five SS men which previously occupied this area near Železná Ruda were captured. The rest of them died in battle. On the American side there were several wounded.

Most Wehrmacht units, however, already started surrendering in mass at this time and they continued to move to Železnorudský Pass in order to lay down their arms. For three whole days the long German military columns with white flags passed trough Janovice and Nýrsko. Between the 6th and the 8th of May 50,000 Nazi troops were made POWs here. Many of those were from the 2nd SS Tank Corp. and other divisions of the 8th Army. This development discouraged even the most notorious SS and Volksturm warriors and allowed Nýrsko to be totally secure in Allied hands by the 4th of May.

The advance of the American units moving in the Čachrov direction was not without problems either. After taking the village of Javorná a platoon of the 2nd Reconnaissance Group was suddenly violently attacked by the Germans. The Americans were forced to fight their way out of the siege and retreat to the surrounding woods, where they spent the night waiting for reinforcements. During the retreat two Americans were killed in action.

On May 5th, around 3 p.m., two American light reconnaissance tanks reached Janovice. One stopped at the Sokolovna Gym, the other on the Square. The American Commander addressed the local people following a modest celebration. Soon after, the U.S. soldiers left the small town, taking along all the American and British POWs they managed to free. On the 6th of May at 10 a.m., additional Allied units arrived.

During these dramatic days the smooth advance of the Allies was secured by the Organization of Special Services (OSS) officers. Their single mission was to ensure the surrender of the German garrisons in the interior and to prevent any unnecessary bloodshed.

Just as in many other cities, the citizens of Klatovy could not resist the temptation to resolve the tense situation on their own. An uprising took place on May 5th, under interesting circumstances. Radio Praha had called for help to the fighting capital and everybody was aware off the danger presented by the Gestapo, the Schutzpolizei, and the numerous Wehrmacht garrisons.

In the afternoon some unexpected visitors arrived on the Klatovy city Square. A car with four armed civilians inside waving a Czech flag stopped in front of hotel Bílá Růže. The moment the men were stepped out the assembled crowd started to sing the Czechoslovak State Anthem. In minutes the German inscriptions, swastikas and eagles on the Square were torn down. The car, with Sgt. Palík, the Plzeň Uprising representative who was seeking help for the Plzeň insurgents, soon left again in the direction of Luby in search of the Americans. But the citizens of Klatovy took the armed men for the already victorious resistance fighters and nothing could stop them any more. Groups of local insurgents started to stop and attack the columns of passing German vehicles.

The local Gestapo office, under Herman Winkelhofer, in practice all but ceased to exist and the Wehrmacht

Commander, faced with the new situation, ordered his troops to retreat into their barracks. The Wehrmacht received no orders any more, the communication links were broken down, and the Revolutionary Guards became more and more dangerous. Unfortunately, in Klatovy people died in the last hours of the war as the result of the fanatical Volksturm shooting from the windows of the local Nazi party building. Oddly enough, it was up to the "friendly" Wehrmacht under major Horn to handle the situation.

Just before 4 p.m. an American jeep with parliamentarians and a white flag appeared on the city Square. With American assistance a prolonged negotiations for surrender took place in the barracks under the Black Tower. Before evening another five Czech civilians were shot on the Luby highway from German military vehicles heading West. On account of this, Klatovy waited in anxiety and impatience for the first American units to arrive.

On the evening of May 5th, just after 9 p.m., the first tanks and jeeps of the 2nd Cavalry Reconnaissance Squadron of the XII Corps arrived on the Klatovy city square. The enthusiastic civilians started to sing the National Anthem and Cpt. Bill Cunningham, the unit Commander, officially accepted the surrender of Major Horn and his German troops. The same evening the first echelon of the 2nd Battalion, 9th Regiment, 2nd Infantry Division reached town. The city of Klatovy with the characteristic profile of the Black Tower was free. After a pause of six years of permanent blackout the somewhat damaged neon sign over the Bafa store shined again. Out of the opened and lighted windows the cheers of welcome sounded through the night. Everybody wanted to shake hands with the first messengers of liberty and the mood of excitement persisted through most of the night. In any case, the tanks on and around the main square were placed in ready position, for the war was still not over!

Even the next day, May 6th, when additional units of the 2nd Infantry Division arrived in Klatovy the Americans were forced to some problem solving in negotiation procedures and enforcing the surrender of quite a few Nazis, who were unwilling to understand the new reality of freedom around them.

In the morning the powerful push of the 2nd Infantry Division directed at Přeštice and Plzeň continued. Long columns of military vehicles moved in that direction from Domažlice and Klatovy. The town of Přeštice was liberated at 1:30 p.m. by the 38th Squadron of the 102nd Reconnaissance Group, V Corps. The city of Dobřany, still in the Sudetenland territory and populated by ethnic Germans, was transferred to the Americans without a fight but not without complicated negotiations. On May 5th, the local German Police Commander refused to transfer the civilian authority to Czech hands. He was willing to surrender to the Americans only. Therefore everything was prepared for the U.S. Army arrival. On the afternoon of May 6th, shortly after 1 p.m., the first three jeeps with American officers arrived in Dobřany. The German garrison of 6,000 Wehrmacht troops surrendered and was taken POW without a shot being fired.

However, on May 8th, the city of Klatovy experienced one more tense and dramatic situation. During the night a strong German column of APCs and five tanks unexpectedly arrived from Nepomuk. The self-assured Nazis negotiated with the Americans, but refused to surrender and demanded a free passage to Bavaria, otherwise they would fight their way through. The city was terrified, lest there be even more deaths. As the negotiations dragged on for several hours the Americans called for air support. A squadron of Thunderbolts, the feared "divers", appeared soon and a 15 minute demonstration of a simulated air strike at treetop level persuaded the Nazi tank crews to reconsider. In the end all 800 German soldiers surrendered to the Americans without resistance.

■ **Klatovské nádraží bylo dopoledne 20. 4. 1945 smeteno těžkým náletem amerických bombardérů B-24 Liberator. Celkem 54 letadel shodilo 125 tun bomb a nacisté už provoz na důležitém železničním uzlu nikdy neobnovili.**
On the 20th of April, a morning air strike destroyed the Klatovy Railroad station. The American Liberator bombers dropped 125 tons of bombs and the Nazis failed to make the important station operational again.

◀ **Klatovské náměstí 5. 5. 1945 odpoledne.** Povstání zachvátilo celé město, občané se shromáždili na náměstí. Nadšení civilisté zdraví osvobozené spojenecké zajatce.
Klatovy, the morning of May 5th, 1945. With the uprising in town succeeding, the Czechs flooded the city Square cheering the liberated Allied POWs.

◀ **Američtí parlamentáři odjíždějí 5. 5. 1945 v 18.30 hodin** po dlouhém jednání o podmínkách německé kapitulace zpět na Železnou Rudu.
Klatovy on May 5th, 6:30 p.m. American parlamentarians leaving for Železná Ruda after a long negotiation for the eventual German surrender.

▼ **6. 5. 1945 brzy ráno** – Klatovy, osvobozené večer, ještě spí. Na náměstí hlídkují pouze tanky 2. jízdní průzkumné skupiny.
Klatovy, the morning of May 6th. The city of Klatovy, liberated in the evening, is still asleep. Just the tanks of the 2nd Cavalry Reconnaissance Group patrol the Square.

▶ ▼ **Další město na západě Československa je svobodné.** Na klatovské náměstí přijíždí po 8. hodině americká technika.
Another West Bohemian town is free. American military vehicles arriving on the Klatovy city square.

▲ ▼ **Tanky M 24 Chaffee 2. jízdní průzkumné skupiny XII. sboru na klatovském náměstí. Tzv. Pattonovi duchové sehráli v bojích v hraničních horách Šumavy a Českého lesa důležitou roli. Klatovy osvobodili od Čachrova.**

The M 24 Chaffee tanks of the experienced 2nd Reconnaissance Group, XII Corps, on the Klatovy city square. These so called "Patton's Ghosts" distinguished themselves in Český Les and the Šumava mountains border combat and liberated Klatovy after taking Čachrov.

▶ **M 24 prodělaly svůj bojový křest v prosinci 1944 v bitvě v Ardenách. Tyto rychlé stroje se čtyřčlennou posádkou používala americká armáda především pro průzkumné operace.**

The first M 24 combat action took place in December, 1944, during the Battle of the Bulge. U.S. Army used this fast tank with a 4 men crew for reconnaissance missions.

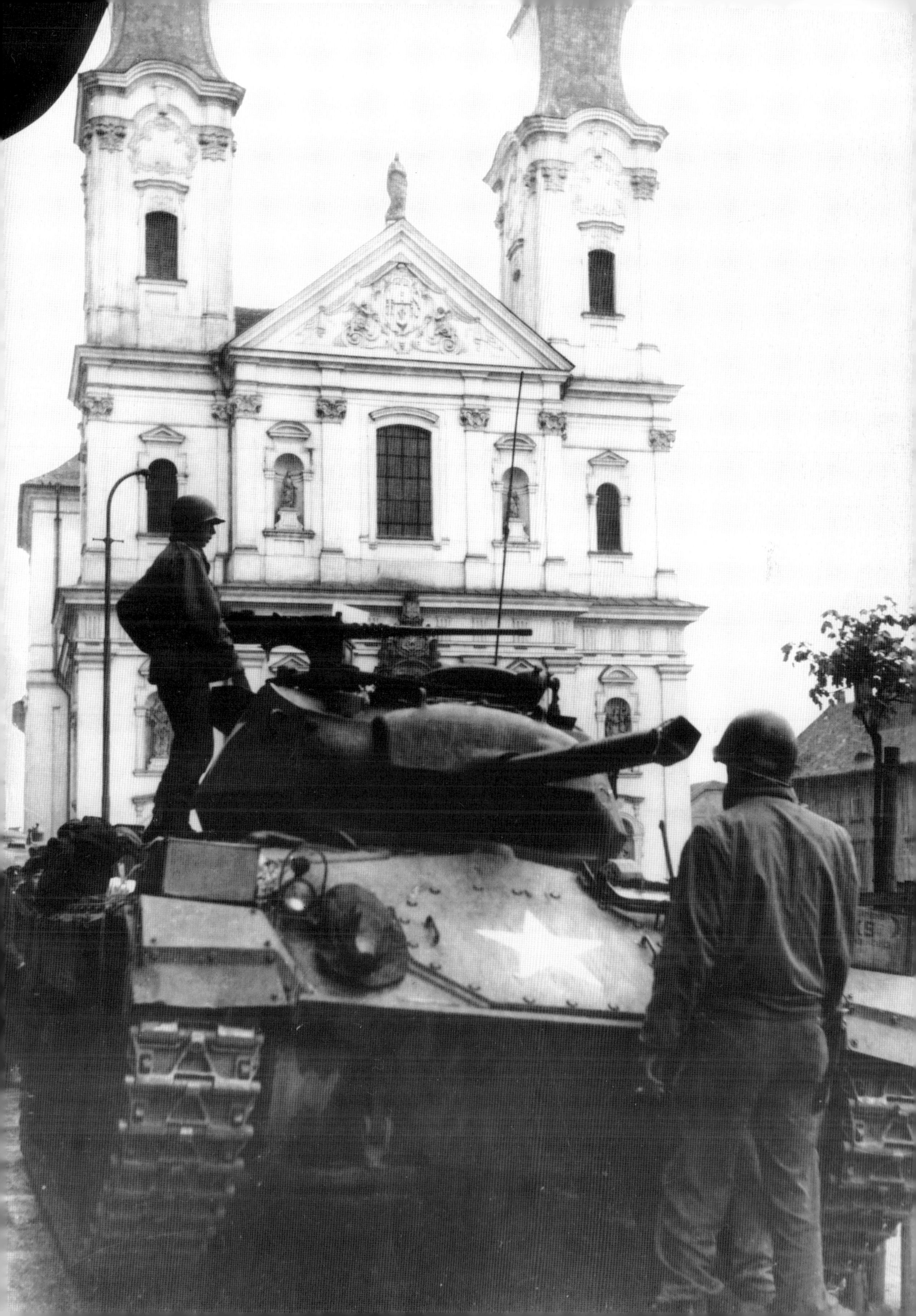

▸ ▲ **Američané odcházejí s důstojníky Wehrmachtu do kasáren na jednání o kapitulaci a odevzdání zbraní. Bude zajato 1 500 německých vojáků.**
Americans and German officers on the way to negotiate the eventual surrender of 1,500 Wehrmacht troops and their weapons.

▾ **6. 5. dopoledne dorazily do Klatov od Nýrska mohutné kolony 9. pěšího pluku 2. pěší divize.**
Klatovy, the afternoon of May 6th. Mighty columns of the 9th Infantry Regiment, 2nd Infantry Division, reached Klatovy from Nýrsko.

■ **Do Klatov od Nýrska vstupují vojáci 2. pěší divize. Divize vstoupila na evropský břeh 7. 6. 1944 a prošla taženími v Normandii, severní Francii, Ardenách a Porýní.**

The 2nd Infantry Division soldiers reaching Klatovy from Nýrsko. Soldiers of this division entered Europe June 7th, 1944, on Omaha Beach in Normandy, and took part in all of the important battles in Western Europe.

▲ ▲ Do Klatov přijíždějí 6. 5. během dopoledne další jednotky 9. pluku 2. pěší divize, tentokrát od Kdyně.
  Klatovy, the afternoon of May 6th. Additional units of the 9th Regiment, 2nd Infantry Division, arriving this time from Kdyně.

▶ Na okraji Klatov stojí 8. 5. německá obrněná kolona, jejíž příslušníci odmítli odevzdat zbraně Američanům. Po neúspěšném vyjednávání o kapitulaci přilétají na pomoc stíhací letouny Thunderbolt.
  On May 5th a German armored column was close to Klatovy city limits. The Germans refused to lay down their arms. When the surrender negotiations failed the Thunderbolt fighter bombers forced the Nazis to change their mind.

▼ Klatovské letiště – konec května 1945. Více než 200 těžkých šestitunových tahačů White a Diamond s návěsem, o délce 18 metrů, je připraveno dopravit americké tanky do Německa. Kolona z těchto kolosů by měřila více než 4 km.
  Klatovy airfield by the end of May, 1945. Over 200 White and Diamond heavy 6 ton tow trucks with trailers, 18 meters long, are ready to move American tanks to Germany. A column of these giants would measure over 4 km in length.

■ **Přeštice 6. 5. 1945** – ve 13.30 hodin město osvobodila 38. průzkumná eskadrona V. sboru. Hladký dojezd do Plzně narušily početné německé jednotky, které se ukrývaly v prostoru lesa Vysoká nad obcí Hradčany. Američané byli nuceni zastavit svůj postup v Horní Lukavici. Nacisté postupně kapitulovali a 2. pěší divize vjela do Plzně až 7. 5. ráno.

Přeštice, the May 6th, 1:30 p.m. The town was liberated by the 38th Reconnaissance Squadron, V Corps. The smooth advance to Plzeň was hindered by German units hiding in Vysoká woods above the village of Hradčany. The Americans were slowed down at Horní Lukavici, but one by one the Nazi units surrendered and the 2nd Infantry Division entered Plzeň in the morning of May 7th.

- **Odpoledne projíždějí Přešticemi ve směru od Klatov, Skočic a Dnešic dlouhé kolony vozidel 2. pěší divize.**
  In the afternoon, the 2nd Infantry Division vehicles pass through Přeštice from Klatovy, Skočice and Dnešice in a long convoy.
- **Atmosféra srdečného přivítání a přátelství je všude, vojáci připíjejí na vítězství pravým božkovským Stockem.**
  Surrounded by friendship and cheers of welcome the soldiers celebrate their victory with genuine Stock of Božkov liquor.
- **Zajaté německé vojáky a důstojníky provázejí pohrdavé a nenávistné pohledy**
  German POWs get only some angry looks of contempt from local citizens.

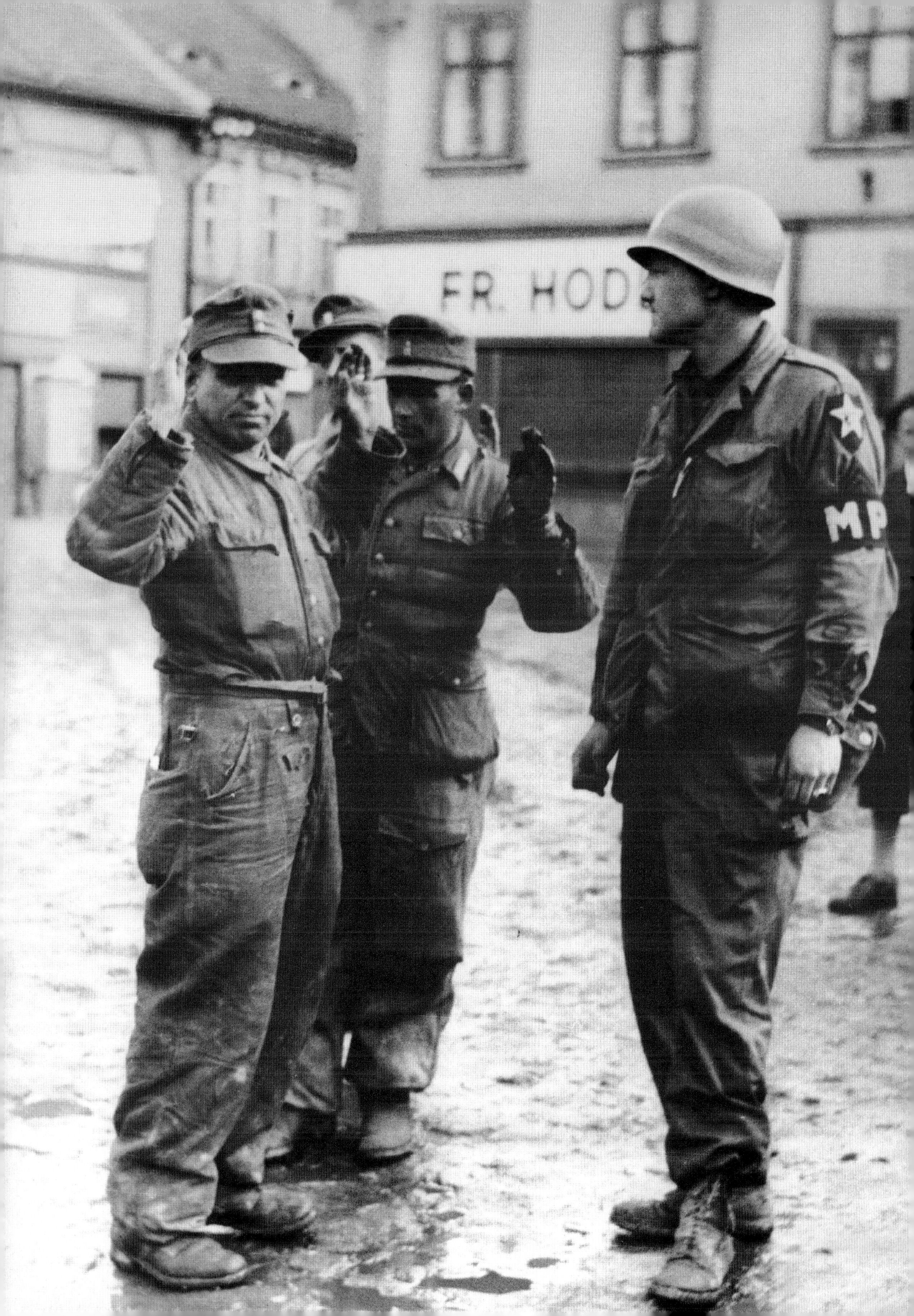
FR. HOD
MP

▲ **Německé město Dobřany, ležící v Sudetech, bylo Američany obsazeno 6. května po 13. hodině bez boje.**
  Dobřany, the May 6th, after 1 p.m. Americans taking the town in German Sudetenland without a fight.

▼ **Německý starosta města informuje amerického důstojníka o zbytcích německých tankových vojsk, čekajících na kapitulaci pod nedalekým Křížovým vrchem.**
  The German city Mayor informs an American officer about the remaining German tank troops ready to surrender on the nearby foothill of Křížový vrch.

▶ ▼ **Poražení němečtí vojáci a civilisté zvědavě sledují americkou bojovou techniku.**
  The defeated German soliders and civilians admire theAmeican combat hardware.

▲ Šestitisícová posádka Wehrmachtu se vzdala bez boje. Američané čekají až na náměstí dorazí z kasáren zástupy německých vojáků, připravených odejít do zajetí. Další den, 7. 5., bude v Dobřanech soustředěno z okolí více než 10 000 válečných zajatců.

The Wehrmacht garrison of 6,000 surrendered to the Americans without resistance. Americans on the Dobřany city square wait for the surrendering German troops to show up. On the next day, May 7th, over 10,000 POWs will be concentrated in town.

▶ ▼ **Do Dobřan přijel také 612. protitankový prapor V. sboru.**

The 612th Tank Destroyer Battalion of the V Corps reaching Dobřany.

Sušice 6. května 1945, 13 hodin

Nové úkoly, stanovené americkým velením V. a XII. sboru 3. Pattonovy armády znamenaly na konci dubna, v souvislosti s nasměrováním na Československo, rychlé přeskupení dvouset tisíc vojáků, techniky, pohonných hmot a samozřejmě zásobování. Součástí těchto operací byly důležité průzkumy, jež Američané prováděli z vlastní iniciativy podél původní české hranice z roku 1938, už v druhé polovině dubna.

Dne 18. dubna, po čtyřech hodinách v akci, vstoupila na naše území kolem 10. hodiny dopolední jako první průzkumná četa 358. pěšího pluku 90. pěší divize XII. sboru. Stalo se tak východně od německé osady Prexu, v prostoru městečka Hranice v ašském výběžku. Americké hlídky narazily na slabší palebný odpor při pronásledování nepřítele a zajaly skupinu německých vojáků.

Jednotky 90. pěší divize se poté přesouvaly podél československé hranice na jih a od Lískové směrem na Strážný zabezpečovaly důležité průsmyky a přístupy na československé hranici. Vzhledem k mnoha silničním zátarasům, zbudovaných nepřítelem na špatně sjízdných komunikacích, byli schopni američtí pěšáci přesouvat své pluky za velkého úsilí, jen 20 kilometrů za den.

V té době vzrostla činnost hloubkových letců do takové míry, že v neděli 22. dubna bylo ředitelství drah v Plzni nuceno zakázat jízdy vlaků během dne. Zákaz ale často porušovali samotní velitelé německých transportů a vedoucí evakuačních vlaků. Mnohdy se zbraní v ruce si vynucovali přistavení lokomotiv a vypravení vlaků ve dne! Mezi 26. dubnem a 3. květnem útočily stříbrné Mustangy prakticky na vše, čím se na Sušicku dopravovaly německé jednotky, vlaky, lokomotivy, kolony aut a nákladních vozidel, vagóny stojící na nádražích. Vše vyvrcholilo 3. května, kdy dvanáct amerických strojů těžce poškodilo sušické nádraží, včetně přilehlých budov a skladů.

Když přišel 1. května rozkaz, který změnil dosavadní postup amerických divizí o devadesát stupňů, zajišťovaly už jejich průzkumné oddíly důležité komunikace a přechody pro další postup do vnitrozemí.

Postup jednotek tehdy značně ztěžovalo nepříznivé počasí a také lesnatý, horský terén. V severní části Šumavy pronikali Američané kolem Svaté Kateřiny a Železnorudským průsmykem. Na mnoha místech se bojovalo. Přístupové cesty s pomocí zátarasů houževnatě bránily oddíly Školního praporu SS a Hitlerjugend.

4. května směřovaly tanky 2. průzkumné skupiny za sychravého počasí a mlhy směrem na Srní a Prášily, kde se proti nim postavily oddíly německé Školy praporečníků. Večer 5. května se 357. pluk 90. pěší divize po soustředěné dělostřelecké palbě dostal přes Skelnou do Dobré Vody a Hartmanic. U Dobré Vody byl německým sniperem ještě 6. května zákeřně zastřelen americký vojenský policista. Toho dne, za stálého ostřelování děly, obsadila dopoledne 90. pěší divize Prášily, Rejštejn a také Dlouhou Ves.

Podobně jako v Kašperských Horách a dalších vesnicích, nikdo z německých obyvatel Sudet osvoboditele nadšeně nevítal. Vystrašení civilisté se většinou skrývali ve sklepích, nebo prchli v obavách z dalších událostí do lesů. Německé jednotky se buď snažily rozptýlit do okolí nebo se stahovaly do prostoru Modravy, kde bylo několik set vojáků obklíčeno a zajato.

Docházelo i k zajímavým situacím v závěru bojů. Když dorazil průzkumný oddíl U.S. Army do prostoru kamenné hájovny na Březníku, vzdala se tamní malá německá posádka bez odporu a snažila se Američany pohostit vínem. V těch dnech se už příslušníci Wehrmachtu hromadně vzdávali americkým vojákům a poslední, kdo ještě bojoval, byli fanatičtí výrostci z Hitlerjugend.

Jedna z největších bitev v závěru války na Šumavě se uskutečnila v prostoru horské vesnice Zhůří, devět kilometrů západně od Hartmanic. Příslušníci Hitlerjugend z pluku Oberdonau, kteří v americkém týlu prováděli záškodnické akce, zajali četu 2. průzkumné jezdecké skupiny a zároveň ukořistili její bojová obrněná vozidla. Druhý den, 5. května, mladí nacisté použili dva stroje M 8 jako léčku a oba obrněnce se čtyřmi jeepy postavili na zhůřské návsi. V té době se za hustého deště k vesnici přiblížila rota „I", 357. pěšího pluku 90. pěší divize. Když američtí vojáci viděli, že ve Zhůří jsou jejich spolubojovníci, vyrazili vpřed. Překvapila je však palba z jejich zbraní a deset Američanů tu zahynulo a dalších deset bylo zraněno. Američtí vojáci ani nepožádali o dělostřeleckou podporu a během krátké doby vyrazili do protiútoku. Bojovalo se o každý dům, vesnice byla značně poškozena, sedm domů vyhořelo a kostel nejsvětější Trojice přišel o střechu. 24 německých mladíků padlo a 76 bylo zajato.

Jako na mnoha místech i na Klatovsku a Sušicku se pohybovalo v posledních, chaotických dnech druhé světové války velké množství německých civilních i vojenských uprchlíků. Směrem k americkým jednotkám se přijíždělo vzdát mnoho nacistických divizí se svými veliteli. Vesnicemi v té době procházely neorganizované skupiny německých vojáků, jejichž jediným cílem bylo dostat se na západ. Mnozí němečtí civilisté s rodinami sami táhli nejrůznější povozy, na kterých vezli to nejnutnější, co měli.

V Sušici 5. května zástupci Revolučního národního výboru po výzvě z Prahy oznámili překvapenému veliteli německé posádky v hotelu Svatobor, že se ujímají vlády nad městem. Místní posádka se vzdala bez odporu, povstalci obsadili poštu a sušičtí občané vyšli na náměstí. Byla zahrána československá státní hymna a povstalci zajišťovali před věznicí sušické radnice zrádce a kolaboranty. Mnoho Němců a gestapáků už v předchozích dnech rychle ze Sušice zmizelo do okolí, ale situace nebyla vůbec jistá.

Ráno 6. května přijel na nádraží nečekaně železniční transport s německou policií a oddílem SS, v počtu asi 500 mužů. Velitel transportu se dozvěděl o odzbrojení a zajištění německé posádky ve městě. Nacisté, vyzbrojení lehkými pancéřovanými vozy a děly vyvagónovali, zaujali bojové postavení a rozhodně se nemínili vzdát. Povstalci dostali tvrdé ultimátum, vrátit zbraně a posádku Wehrmachtu propustit.

V 10 hodin Němci vyrazili směrem do centra. Po jednání se skupinou československých důstojníků s bílým praporem bylo pod lživým tvrzením, že Američané už jsou ve městě, docíleno odchodu nacistů vedlejšími ulicemi po nábřeží, směrem na Kašperské Hory. Na náměstí už v té době čekalo velké množství lidí na příjezd osvoboditelů a hrozilo nebezpečí posledního krvavého střetu. Americké jednotky v té době operovaly v Petrovicích.

Spojky ale dodávaly Američanům přesné informace a sušičtí věděli, že se dočkají! Dne 6. května, krátce po 13. hodině, vjely první zablácené tanky slavné 4. obrněné divize generálmajora Williama Hogeho do malebného šumavského městečka, když v okolí rychle zlikvidovaly poslední ohniska německého odporu.

Nadšené vítání Čechů na náměstí a podél silnic ukázalo Američanům novou realitu. Už skončilo území Sudet a oni osvobozovali první české město! To byla ta největší odměna na jejich dlouhé válečné cestě Evropou...

Sušice - Liberation - May 6th, 1945, 1 p.m.

On the 18th of April, around 10 a.m., near the small city of Hranice (Border) in the Aš bulge region the Reconnaissance Platoon of the 358th Infantry Regiment, 90th Infantry Division, XII Corps became the first American unit to enter Czechoslovak territory after four hours in action. American patrols in pursuit of the enemy encountered a minor enemy resistance. Several German soldiers were taken as POWs after a shoot-out.

Units of the 90th Infantry Division then moved Southward along the Czechoslovak border and secured the important mountain passes and border approaches in a line from Lísková to Strážný. Due to numerous roadblocks made by the enemy, on already barely passable mountain roads, the American Infantrymen were able to move just 20 km a day, in spite of their considerable effort.

On May 1st an order arrived changing the direction of the current advance of U.S. divisions by ninety degrees. All important crossing points and highways leading to the interior were already secured by the Americans.

However, further advance was hindered by the rugged mountain terrain, deep forests, and bad weather prevailing at the time. In the Northern Šumava mountains the Americans already succeeded in forcing their way through Svatá Kateřina and Železnorudský Pass. They had to fight all the way, as the approaches were blocked and stubbornly defended by the SS Training Battalion and Hitlerjugend units.

By May 4th, the tanks of the 2nd Reconnaissance Group moved in the fog and foul weather up to Srní and Prášily where they faced resistance by German Flag School units. On the evening of May 5th, soldiers of the 357th Regiment of the 90th Infantry Division forced their way into Dobrá Voda and Hartmanice via Skelná, following an artillery barrage. As late as May 6th, one American MP was cowardly shot by a German sniper near Dobrá Voda. The same morning the 90th Infantry Division took Prášily, Rejštejn and Dlouhá Ves with the help of continuing artillery support.

Some interesting situations took place in the final stages of combat. For example, when one U.S. Army Reconnaissance Group detachment arrived at a forester's stone house in Březník, high in the mountains, the local small German garrison surrendered without resistance and even tried to wine and dine the "enemy" Americans. At the time the Wehrmacht troops were already willing to surrender to the Americans in mass and only the fanatic Hitlerjugend youngsters kept on fighting.

One of the last major battles of the closing stage of the war in the Šumava region took place in the small mountain village of Zhůří, populated by ethnic Germans, nine kilometers West of Hartmanice. In this place the Hitlerjugend members of the Oberdonau Regiment on a sabotage mission captured one platoon of the 2nd Reconnaissance Cavalry Group along with American armored vehicles. On the next day, May 5th, the young Nazis used two captured M 8s for an ambush, stationing them and four jeeps on the open space of the village square. Meanwhile the "I" Company of the 357th Infantry Regiment, 90th Infantry Division, approached the village in a very dense rain. The American soldiers, under impression that Zhůří had already been taken by their comrades in arms, drew near. However, they were surprised by fire from their "own" vehicles. Ten Americans lost their lives here and another ten were injured. The Americans did not even bother requesting the artillery support and in no time launched their own counterattack. The fighting went from house to house and as the result the village was badly damaged. Seven houses were burned down completely and the church roof disappeared. 24 German Youngsters were killed and another 76 taken as POWs.

Just as elsewhere during the last chaotic days of World War II the area around Klatovy and Sušice was crowded with countless civilian and military refugees. Many Nazi divisions were willing to surrender along with their Commanders. They tried to approach the American units. Unorganized groups of German soldiers heading West were passing through local villages at the same time, contributing to the general confusion. Numerous German civilians and their families, pulling by hand all kinds of carts loaded with bare necessities, moved trough the countryside.

On May 5th, the Revolutionary National Committee Representatives in Sušice acting on an urgent message from Prague visited the local German Garrison Commander residing in the hotel Svatobor. To his surprise they simply informed him that they were taking over the control of the city. The local garrison surrendered without resistance, the Post Office building was seized as well, and the excited citizens of Sušice soon crowded the square. The Czechoslovak National Anthem was played and then the insurgents apprehended all the local traitors and Nazi collaborators and herded them in front of the City Hall jail. Many Germans and Gestapo men already left Sušice during the previous days and disappeared in the surrounding area, but the situation was far from being settled yet.

Just the next day morning, on May 6th, an unexpected transport of German police and an SS detachment numbering about 500 men surprisingly arrived at the Sušice railroad station. The Transport Commander found out about the disarming and detaining of the German garrison in town. The Nazis, armed with light armored cars and artillery assumed combat position and displayed no intention of surrender. The insurgents received an ultimatum demanding the return of all captured weapons and the immediate release of the Wehrmacht garrison.

At 10 a.m., the Germans started moving in the direction of downtown. Fortunately, after uneasy negotiations with a group of Czechoslovak officers waving a white flag, a deal was made under the untrue claim that the Americans were already in the city. This persuaded the Nazis to leave by the side streets and along the riverbank in the direction of Kašperské Hory. The idea was to prevent the enraged Nazis from entering the Square, filled with people awaiting liberation. It was a dangerous game and the bluff could have bloody consequences. American units were still operating at Petrovice and the fate of the city was very much in doubt.

Fortunately, the sentries supplied the city with accurate update information and the people of Sušice knew that their time would come. On May 6th, 1945, just after 1 p.m., the first mud covered tanks of the 4th Armored Division under Major General William Hoge entered the small picturesque town in the Šumava mountains after a short conflict which eliminated the last remaining German resistance.

The enthusiastic welcome by the Czechs on the city streets and square opened a changing new reality to the Americans. This was no more Sudetenland, filled with mistrust, fear and ambushes, where they had to be on guard all the time. The time of conquest was over. This town was Czech, the first of many more to come to be liberated! To the Americans this feeling was perhaps the greatest reward for their effort and sacrifices along the warpath leading them to the very center of Europe, where the great war was rooted and where it finally ended as well.

▲ **5.5.1945 - bezradní, odzbrojení vojáci Wehrmachtu postávají před hotelem Svatobor.**
   Sušice, the May 5th, 1945. The discouraged and disarmed Wehrmacht soldiers in front of Hotel Svatobor give up.

▶ ▲ **Němečtí vojáci i civilisté opouštějí ve zmatku Sušici.**
   German soldiers and civilians leaving Sušice in panic.

▶ **6.5. dopoledne - občané Sušice čekají netrpělivě na americké jednotky.**
   Sušice, the morning of May 6th. The impatient citizens expecting the arrival of American units.

◀ ▲ 6. května 1945 krátce po 13. hodině přijel na sušické náměstí od Petrovic první průzkumný tank 4. obrněné divize. Obrněné stroje této jednotky vyrazily ráno po 6. hodině z německého Regenu a přes šumavské průsmyky v Železné Rudě a Strážném zamířily do nitra Čech.

Shortly after 1 p.m. the first reconnaissance tank of the 4th Armored Division arrives from Petrovice on the Sušice city square. Since leaving Regen, Germany, at 6 a.m., the armor moved deep into the Czech interior utilizing the Železná Ruda and Strážný mountain passes.

■ **Po těžké válečné cestě Německem a územím Sudet vítá americké tanky první české přátelské město.**
After difficult progress through Germany and Sudetenland, the American tanks are welcomed by the Czech population in Sušice, the first friendly city.

■ **Nezapomenutelná atmosféra prvních okamžiků osvobození šumavské Sušice. Benzínové motory čtyřiceti tunových Shermanů hřmí v uličkách města. 4. obrněná divize byla favorizovanou jednotkou generála Pattona a během operací 3. armády v západní Evropě bojovala vždy na čele.**

The unforgettable mood of the first minutes of the Sušice liberation. The powerful gas engines propelling these 40 ton Sherman tanks thunder in the narrow streets of the old city. The 4th Armored Division was the favorite of General Patton, always spearheading the 3rd Army operations in Western Europe.

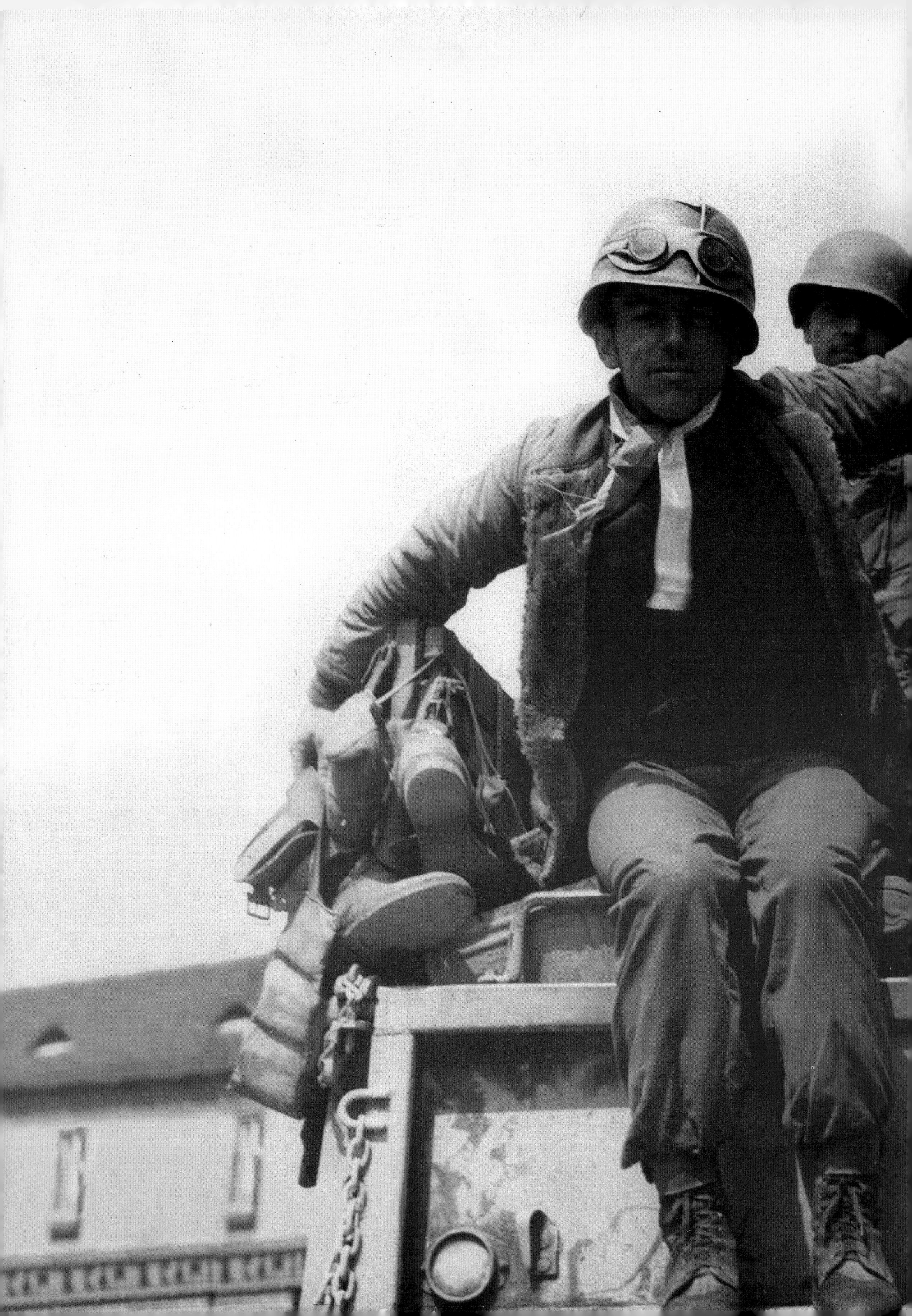

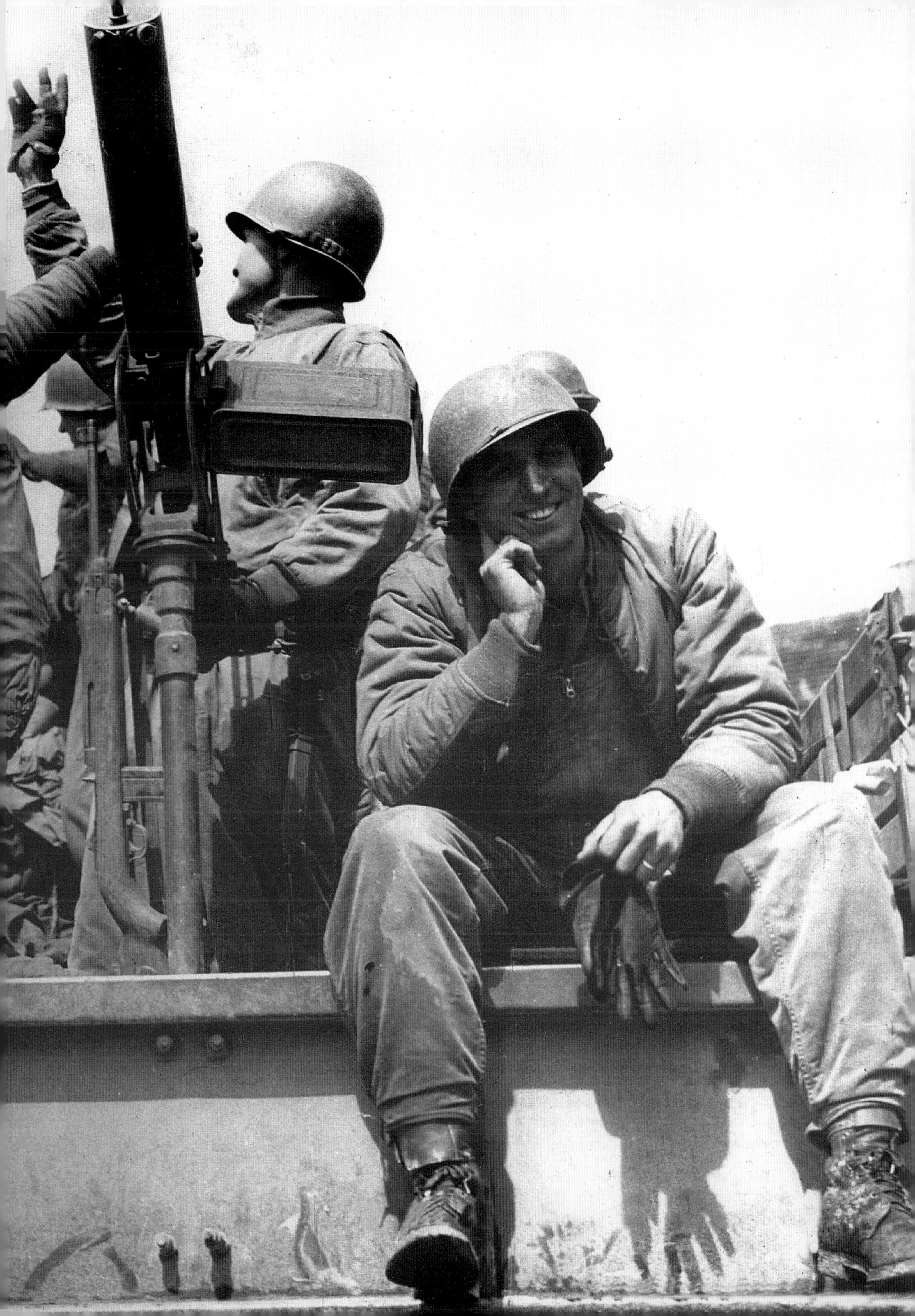

▲ **Krátké zastavení k odpočinku. Ostřílení vojáci mají před sebou ještě poslední důležitý úkol, dobýt Prahu.**
A short stop to rest. The seasoned soldiers face the last important mission - taking Prague.

▼ ▼ **Do Sušice dorazily 7. 5. i jednotky zkušené 90. pěší divize, která vyčistila velkou část Šumavy a jižní část Českého lesa.**
Sušice, May 7th. The experienced 90th Infantry Division units reached Sušice after clearing the enemy out of most of the Šumava mountains and the southern part of the Český Les mountain range.

▲ **Američtí vojáci odvádějí do zajetí zbytky německých jednotek.**
American troops taking the last remants of German units into captivity.

◀ ▲ **Na dvoře sušické radnice byli shromážděni důstojníci Wehrmachtu a příslušníci SS.**
Captive Wehrmacht officers and SS members assembled in the courtyard of Sušice City Hall.

◀ ▼ **Dne 9.5. oslavila svobodná Sušice společně se 4. obrněnou divizí Den vítězství. Velitel divize generálmajor William Hoge byl uvítán představiteli města a na památku se podepsal do městské kroniky.**
On the 9th of May the city of Sušice joined the 4th Armored Division in celebration of Victory Day. LtGen. William Hoge, the Division Commander, was greeted by the City officials and signed a memorial entry in the City Record Book.

Horažďovice 6. května 1945, 14 hodin

Také na Horažďovicku napadali koncem dubna hloubkaři železniční spoje a před agresivními americkými piloty si nebyly jisté ani skupiny osob na silnicích. Dne 26. dubna dopoledne provedla skupina letounů Thunderbolt velkou akci, při níž bylo ostrým náletem napadeno několik vojenských transportů a po hlídkování podél trati americké stíhací letouny napadly horažďovické nádraží. Při útoku vyhořel jeden vagón s elektrickým materiálem, byla zničena výtopna, několik lokomotiv a více než 40 vozů bylo rozstříleno.

Ve městě a jeho okolí se pohybovalo mnoho německých vojáků, kteří se po útěku z fronty snažili získat krádežemi kola a především civilní šaty. V prvních květnových dnech projíždělo Horažďovicemi ustupující německé dělostřelectvo a místní oddíl SS, ubytovaný do té doby v klášteře, spěšně opustil město. Ještě před příjezdem Američanů odjela z Horažďovic i silná posádka Wehrmachtu.

Stejně jako na mnoha jiných místech, dostali 5. května dopoledne i na místní četnické stanici telefonickou zprávu, která oznamovala počátek revoluce proti okupantům. Občané začali strhávat německé nápisy z budov a obchodů. Místní lid se shromáždil na náměstí a v okolních ulicích a na radnici byla vztyčena československá vlajka. Bývalý starosta, stavitel Listopad, se ujal znovu funkce a promluvil z budovy ke shromážděným. Bezradný oddíl německé policie se stáhl do hotelu U jelena a později se přemístil za mohutné zdi kláštera. Po jednání mezi zástupci NV a tímto oddílem bylo dohodnuto, že se nacisté vzdají pouze Američanům. Bylo tak zabráněno možným obětem v posledních hodinách války.

Druhý den, 6. května, všechny vzrušila zpráva, že Američané jsou již v Sušici a spěchají na pomoc Praze. To už slavnostně oblečení obyvatelé Horažďovic obklopili silnice a čekali na osvoboditele. Krátce před 14. hodinou dorazily do města, směrem od Rabí, první zablácené tanky 4. obrněné divize. Jeden proud směřoval kolem kláštera k Blatné a druhý projížděl na Velký Bor. I tady se opakovaly scény nadšeného vítání, podávání rukou, tankisté dostávali na uvítanou buchty a pivo. Dvě hodiny trval průjezd městem a délka kolony dosahovala téměř dvaceti kilometrů. Menší oddíl amerických vojáků zůstal v Horažďovicích k udržení pořádku a zajišťování prchajících německých jednotek.

Právě za linií Kašperských Hor a Strážova byla hlavním aktérem po vyčištění náročného, horského pohraničního území 90. pěší divizí, zkušená 4. obrněná divize generálmajora Hogeho. Tato jednotka byla favorizovanou divizí generála Pattona, která jako rychlý předvoj 3. armády projela celou západní Evropou. Po nasazení v Normandii, v červenci roku 1944, se divize zúčastnila důležité operace Cobra, když po dobytí přístavu Cherbourg, za těžkých bojů amerických jednotek, prolomila německé linie u klíčového města St. Lô. Tankisté 4. divize bojovali v Bretani, u Bastogne v prosinci 1944 prorazili za těžké situace v Ardenské operaci obklíčení německých vojsk a vedli tvrdé boje na levém břehu Rýna.

Na samém konci války byla 4. obrněná vybrána pro čestný úkol dobýt Prahu. Zkušený stratég a tankista Patton plánoval tři trasy simultánního postupu na Prahu svými obrněnými divizemi. 9. obrněná divize, která v březnu 44 obsadila legendární most u Remagenu, směřovala k hlavnímu městu Československa od Karlových Varů, 16. obrněná divize od Plzně a konečně 4. obrněná divize od Železné Rudy.

Bylo samozřejmé, že tanky měly svým rychlým přesunem absolutní přednost v postupu. O tom, že pěší jednotky 90. divize odvedly na Šumavě dobrou práci, svědčí celých 150 km, které 4. obrněná ujela 6. května od šesti hodin ráno z německého Regenu, bez větších problémů horským, mnohdy ještě zasněženým terénem.

Bojový útvar „A" směřoval od Strážného k Horní Vltavici, Vimperku, Strakonicím až do Písku, Sedlic a Mirotic. Právě důležitý průsmyk se strategickou silnicí ve Strážném (Kunžvartu) fanaticky bránila jednotka z pancéřové divize SS a vojáci 90. pěší divize tady 5. května svedli téměř celodenní, tuhý boj. Situace byla značně ztížená množstvím zátarasů na všech přístupových cestách. Druhý bojový útvar „B" vyrazil přes Železnorudský průsmyk na Dobrou Vodu, Hartmanice, Sušici, Horažďovice a v 15 hodin dosáhly první tanky Velkého Boru.

Bohužel, během úspěšného denního postupu dostihl jednotky právě v Písku a Velkém Boru Eisenhowerův rozkaz, zastavit další postup na Prahu. Stejně tak byly zastaveny a vráceny tanky 16. obrněné divize. 16. prapor této divize dosáhl Příbrami a několika obrněným strojům z 69. praporu zbývalo údajně do Prahy dokonce už jen 20 km.

Dne 8. května v 11.30 hodin se devětapadesátiletý generál Patton rozloučil v německém Regensburgu s válečnými dopisovateli, kteří pracovali u 3. armády. Na tiskové konferenci, která předcházela, se jeden z vojenských mužů pera zeptal: *„Pane generále, proč jsme neosvobodili Prahu?"* Patton zakýval hlavou a odpověděl: *„Mohu vám přesně říci, proč ne."* Všichni si připravili své bloky a dychtivě očekávali generálovu odpověď. Patton však jen řekl: *„Protože jsme měli rozkaz, že nesmíme."* Mezi novináři se ozval smích, ale stručná odpověď je zklamala...

4. obrněná divize ve svých konečných pozicích zajímala německé vojáky a vyjednávala s Rusy. Vojáci této divize asistovali i při předávání téměř čtvrt milionu nacistů Rudé armádě po uzavření fronty 9. května v 19 hodin v důsledku dohodnuté kapitulace.

Horažďovice - Liberation - May 6th, 1945, 2 p.m.

By the end of April the fighter bombers targeted the railroads in the area around Horažďovice. Even the small groups of highway pedestrians were not protected from the aggressive American "diver" pilots. On the morning of April 6th, a group of Thunderbolts attacked several military transports and air patrolling of the whole suspicious railroad line followed. The next logical target became the Horažďovice railroad station. In the course of the air strike, one railroad car filled with electric supplies was set on fire and burned down; the central heating plant was completely destroyed; several engines and more than 40 railroad cars were reduced to scrap.

Inside and around the city numerous German troops were moving West. Many of them were deserters trying to obtain bicycles, and most of all, any kind of civilian clothing. During the first days of May the retreating German artillery passed through the town and the local SS detachment, housed up till now in the monastery building, evacuated the city quickly. Just prior to the American arrival the strong local Wehrmacht garrison left town, too.

On the morning of May 5th, just as in many other places, a telephone message announcing the outbreak of an uprising against the occupation forces was received at the local country police station. The citizens started to tear down German inscriptions from all stores and buildings. People assembled on the city square and in the surrounding streets and soon the Czechoslovak flag was hoisted on the City Hall building. Mr. Listopad, a local builder and the former Mayor, resumed his office by addressing the assembled crowd from City Hall. The helpless local German police units retreated to the interior of the hotel U Jelena and later relocated again in order to hide behind the massive walls of the monastery. After negotiations with the National Committee representatives, it was agreed that the police would surrender to Americans only. This deal prevented a possible pointless loss of life in the last hours of the war.

The next day, May 6th, everyone was excited by the latest news that the Americans were already in Sušice and that they were rushing to help the fighting in Prague. At this time the formally dressed inhabitants of Horažďovice waited along the highway to welcome their liberators in a fashionable and festive way. Just before 2 p.m. the first tanks of the 4th Armored Division, approaching from the direction of Rabí and still covered with road dirt and mud, reached the city. One column moved along the monastery heading toward Blatná, and the other passed in the direction toward Velký Bor. The familiar scenes of enthusiastic welcome, cheers, handshakes, etc. experienced in other cities were repeated here, too. The tank crews received the Czech "buchty" cakes and beer as a needed refreshment and an expression of welcome. The passage through the city took a full two hours and the column was stretched to the almost incredible length of 20 kilometers. A minor detachment of American soldiers stayed in Horažďovice afterwards to maintain law and order as well as to collect the fleeing German troops.

In the rugged border mountain area just behind the Kašperské Hory and Strážov line which was just recently cleared by the 90th Infantry Division, the experienced 4th Armored Division under Major General Hoge was now taking over. This unit was the favorite of General Patton. As the spearhead of the Third Army, it moved throughout Western Europe. After landing in Normandy in July 1944 the division took part in Operation Cobra. After taking the port of Cherbourg in heavy fighting it managed to break through the German lines near the key city of St. Lô. The tank crews of the 4th Armored Division then fought in Bretagne. In December 1944, under extreme conditions during the Battle of the Bulge, they broke the German siege of Bastogne and then defeated the enemy in several tank battles on the left bank of the Rhine.

At the very end of the war the 4th Armored Division was chosen for the final noble mission of taking Prague. Patton, being both an experienced strategist and a skilled Armor tactician planned three routes for the simultaneous advance of his armored divisions to Prague. The 9th Armored Division, which in March of 1944 captured the legendary Remagen Bridge over the Rhine, was directed to advance to the Czechoslovak capital from Karlovy Vary, while the 16th Armored Division advanced from Plzeň, and the 4th Armored Division would advance from Železná Ruda.

It was understood that the tanks, due to their high mobility, were given top priority in the rapid advance. The best proof of the good job the 90th Infantry Division did in the Šumava mountains is the 150 kilometers the 4th Armored Division made in a single day. On May 6th, without major problems, in heavy mountain terrain partially covered with snow, the division left Regen, Germany at 6 a.m.

The Combat Command "A" moved from Strážný to Horní Vltavice, Vimperk, and Strakonice, and then proceeded to Písek, Sedlice, and Mirotice. The important mountain pass with the strategic highway near Strážný (Kunžvart) was stubbornly defended by one SS Panzerdivision unit. On May 5th, the men of the 90th Infantry spent almost the whole day in heavy combat. Numerous roadblocks on all approach roads slowed the advance considerably and complicated the situation. The second Combat Command "B" crossed the Železnorudský Pass and advanced to Dobrá Voda, Hartmanice, Sušice, Horažďovice, and finally, at 3 p.m., the first tanks reached Velký Bor.

Unfortunately, in the course of the successful all-day advance, the units in Písek and Nový Bor received orders from the Supreme Commander, Gen. Eisenhower, stopping the further advance to Prague. The tanks of the 16th Armored Division were stopped and turned back just the same way. The 16th Tank Battalion of this division reached Příbram and the armored vehicles of the 69th Armored Infantry Battalion were allegedly stopped just 20 km short of reaching Prague. General Patton, the father of the whole carefully planned operation was obviously not pleased with the decision made by his superior.

On the 8th of May at 11.30 a.m. General Patton, age 59 at the time, departed to Regensburg, Germany with the war correspondents attached to the 3rd Army. At the preceding press conference one of the military masters of the pen asked him: *"General, Sir, why did we fail to liberate Prague?"* Patton nodded and answered: *"I can tell you exactly why."* All journalists opened their note books to record the exact answer of the General. However, Patton said simply: *"Because we had orders not to."* Some newsmen laughed, but the brief answer disappointed them.

The 4th Armored Division in position for the final deployment continued taking German POWs and negotiating with the Russians. Soldiers of this division eventually assisted with the transfer of almost a quarter million Nazi POWs to the Red Army, following the closure of the entire front at 7 p.m. May 9th, 1945 - the result of the signed Unconditional Surrender.

▲ **5.5.1945 - občané Horažďovic odstraňují německé firemní nápisy.**
  Horažďovice, May 5th, 1945. Citizens removing the German inscriptions from local stores.

▼ ▼ **Češi se shromažďují v napjatém očekávání na náměstí, na budově radnice zavlála po dlouhých šesti letech československá vlajka.**
  The tense Czechs keep assembling in the Square in expectation of the U.S. Army arrival. After a long six years the Czechoslovakian flag decorates the City Hall building again.

■ 6. 5. 1945 - kolem 14. hodiny se svátečně oblečení lidé dočkali, v Horažďovicích se objevují první tanky 4. obrněné divize.
Horažďovice, May 6th, 1945. Around 2 p.m. the hopes of formally dressed locals are fulfilled as the first 4th Armored Division tanks reach the city.

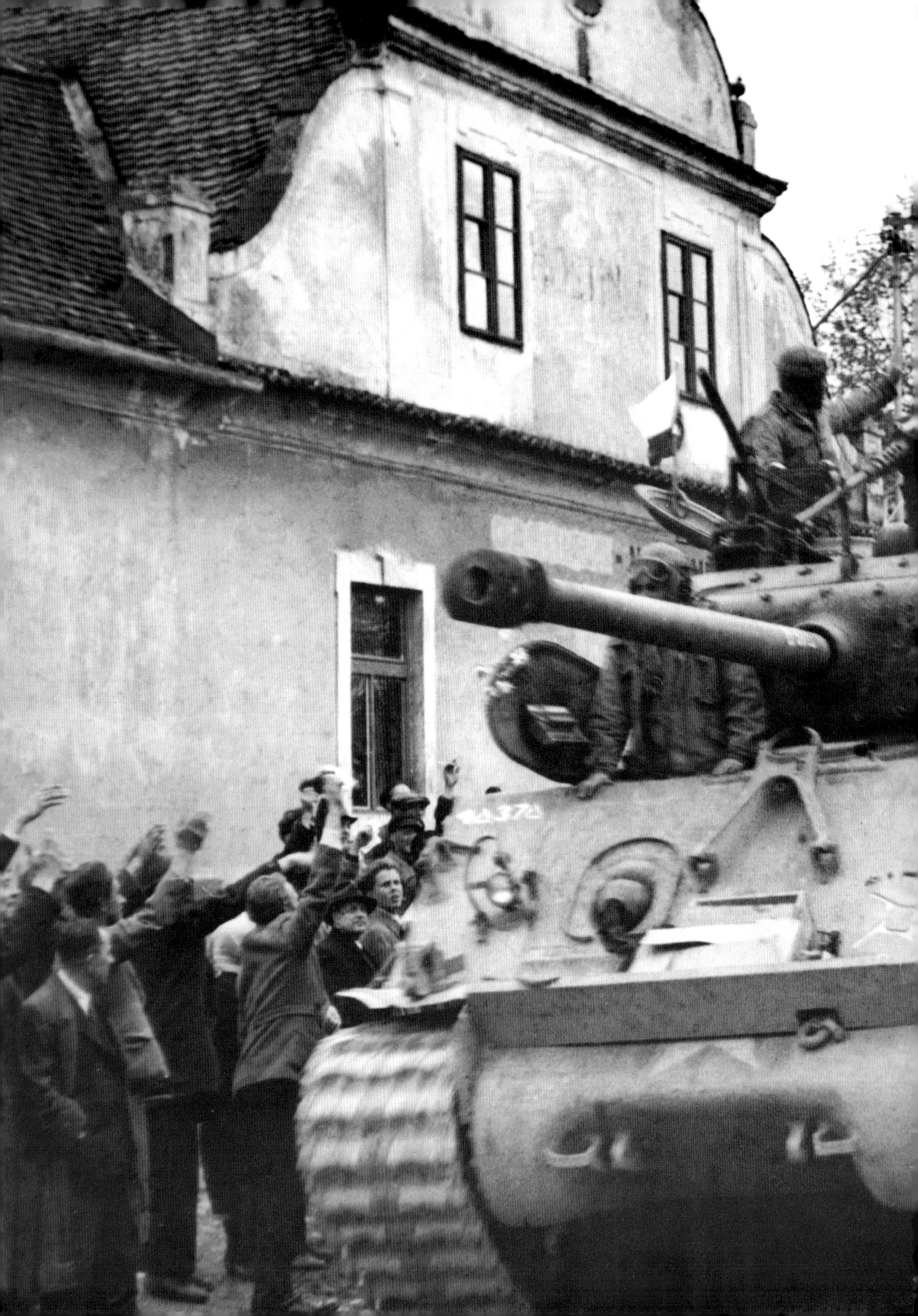

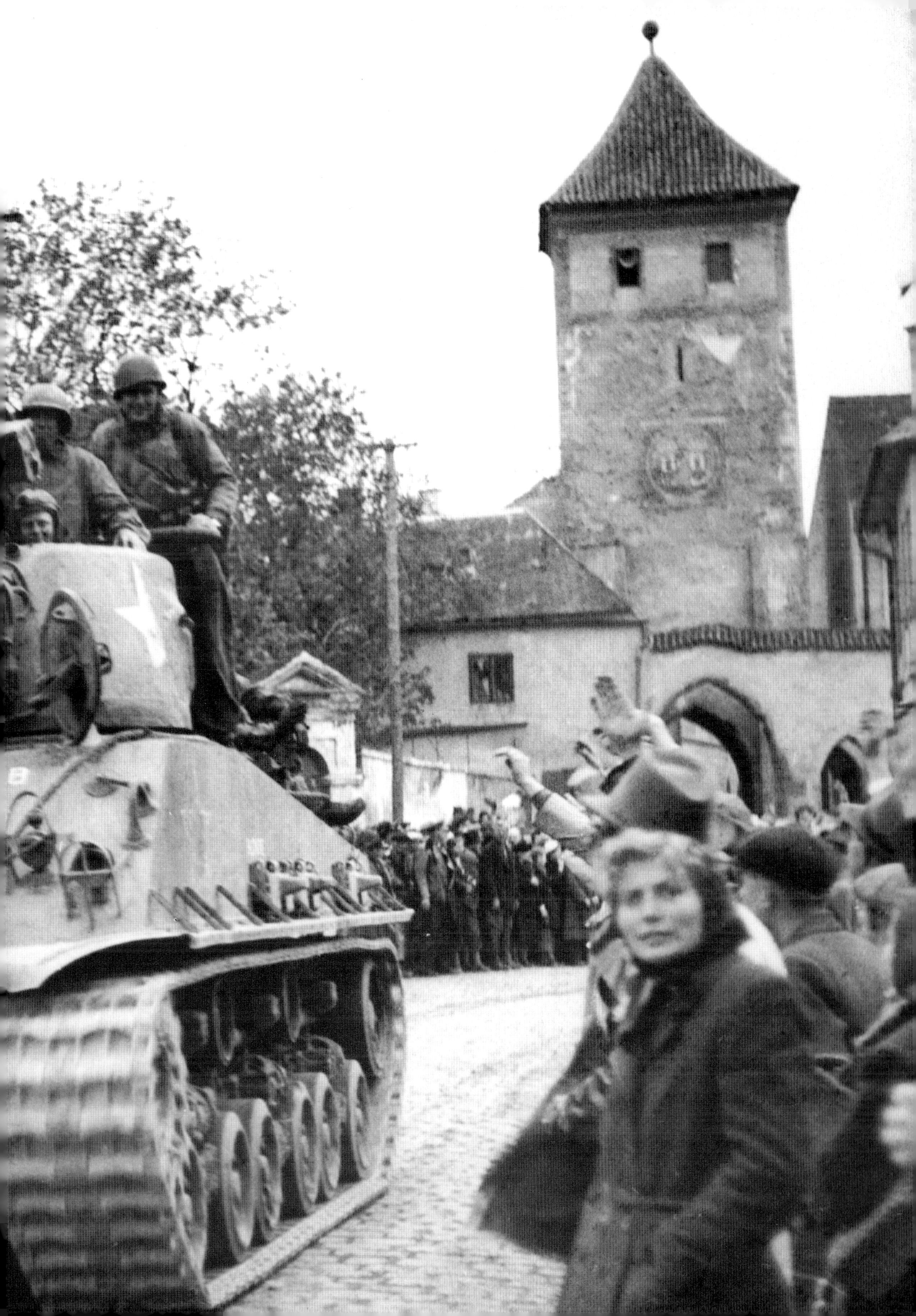

■ **I tady ochutnávají američtí tankisté české buchty a koláče, občerstvují se pivem a podél silnic se jim dostává nadšeného přivítání.**
American tank crews here and all along the highway enjoy an enthusiastic welcome, refreshment of beer, and Czech "buchty" cakes.

▲ **Hlavní proud 4. obrněné divize pokračoval přes Písek a Velký Bor na pomoc bojující Praze. Odpoledne kolony v bezchybném postupu zastavil Eisenhowerův rozkaz. Touha generála Pattona, osvobodit hlavní město Československa, nebyla naplněna.**

The 4th Armored Division's main echelon continued advancing to Písek and Velký Bor. The objective was to help Prague, where fighting for self-liberation was in full progress. In the afternoon the flawless advance was stopped by Eisenhower's order. General Patton's goal to liberate the capital of Czechoslovakia was not reached.

▼ **Nejdále na východě! Dne 6. 5. 1945 pozdě odpoledne hlídkují tanky Sherman 4. obrněné divize u Podolského mostu přes Vltavu, 15 km za Pískem. Kde jsou Rusové ?**

Easternmost Point, in the late afternoon of May 6th, 1945. The 4th Armored Division Sherman tanks on patrol at the Podolský bridge across the Vltava river, 15 km east of Písek. Where are the Russians?

Americká vojenská mise do Velichovek

Dne 30. dubna 1945 spáchal Adolf Hitler v Berlíně sebevraždu. Nově jmenovaná nacistická vláda pod vedením admirála Karla Dönitze, sídlící na konci války ve Flensburgu, chce se spojenci hrát nebezpečnou hru. Odpoledne 5. května přijel do Remeše vyjednávat admirál von Friedenburg. Generál Eisenhower dostává zrádné návrhy, aby se ukončily bojové akce na západě a nadále se bojovalo jen východním směrem. Eisenhower návrh rezolutně odmítl a naopak trval na bezpodmínečné kapitulaci Německa na všech frontách. Až když náčelník štábu generál Smith oznámil německé straně, že bude zabráněno utečencům v přechodu do linií amerických vojsk, došlo ke zvratu.

Náčelník generálního štábu německé branné moci generál Jodl podepsal ve školní budově v Remeši, 7. května 1945, ve 2.41 hodin, bezpodmínečnou kapitulaci Německa. Jedna lest se ale kapitulujícím německým generálům podařila. Na základě jejich tvrzení, že v důsledku přerušených spojení a rozbitých komunikací nebude možné o kapitulaci jejich vojska včas vyrozumět, povolil Eisenhower odklad o 48 hodin. Ukončení veškerých bojů mělo proběhnout přesně v 0.00 hodin 9. května. Nacisté tak získali další čas na to dostat se k americkým liniím. Odpoledne téhož dne podepsal admirál Dönitz zákeřnou výzvu armádám Střed, Jih a Jihovýchod, bojujícím na východním směru. Tyto útvary měly bojovat dále a neměly brát ohled na situaci na západní frontě.

V centru české kotliny se v polovině dubna nacházela většina z 62 vyzbrojených divizí armádního seskupení Mitte (Střed), pod vedením dynamického polního maršála Ferdinanda Schörnera. Čtyřiapadesátiletý Schörner, oblíbenec Adolfa Hitlera, rozbil svůj štáb v malých lázních Velichovky, 30 km severně od Hradce Králové.

Američané věděli moc dobře, že Schörnerova armáda s téměř dvěma tisíci tanky a další těžkou výzbrojí, může být velkým problémem v centru Čech, kde leželo hlavní město Československa, bojující Praha. V seskupení Mitte bylo ve zbrani koncem dubna téměř milion mužů. Bylo tedy nutné ihned samotného Schörnera informovat o kapitulaci všech armád a také o tím podmíněném, možném odchodu jeho vojsk do amerického zajetí. Rudá armáda byla v té době někde v okolí Drážďan a v jižním směru od Brna. O jejím pohybu nebyly žádné zprávy.

To, že generál Eisenhower zahájil poněkud předčasně jednání s Rusy o demarkační linii a že tato jednání vedl až příliš důvěrně, teď značně zdramatizovalo celou situaci. Samotný střed Čech se ocitl v absurdním postavení. Přes těžké boje v Praze a nejistou situaci na dalších místech museli nic netušící povstalci čekat na Rudou armádu! V silách amerických jednotek, které své tanky 6. května odpoledne vrátily na dohodnutou demarkační linii, bylo dobýt nejen Salzburg, ale i poslední velké město - Prahu. Ta se nakonec po dramatickém průběhu povstání osvobodila 8. května vlastními silami.

Dne 7. května večer byl s pětihodinovým zpožděním dopraven britským letadlem Dakota na Borské letiště v Plzni německý plukovník generálního štábu ve Flensburgu, Wilhelm Meyer - Detring, s důležitými instrukcemi v kožené aktovce. Adresát? Polní maršál Schörner. Většina zúčastněných se mylně domnívala, že maršál řídí bojové akce v Praze.

V čerstvě osvobozeném městě už na Detringa čekalo zpravodajské eso, zástupce oddělení G 3, V. sboru, podplukovník Robert H. Pratt. Ten do Plzně přiletěl téhož dne odpoledne a měl si vzít na starost jeden velký „výlet" na samém konci války v Evropě. Do přísně utajené akce bylo určeno čtyřicet příslušníků z roty „B" 23. jízdní průzkumné eskadrony, která přijela 6. května jako první do Plzně. Jejich velitel, major Carl Dowd dal po 21. hodině večer povel k odjezdu. Kolona složená z téměř 20 lehkých obrněných vozidel M 8, tří jeepů, vojenské sanitky a štábních limuzín, vyrazila směrem na Prahu.

Američtí vojáci, se znakem V. sboru na rukávech, ještě netušili, že je čeká přes dvěstědvacet kilometrů územím za dohodnutou linii dotyku, s mnoha nástrahami a nepředvídatelnými událostmi.

Do Prahy mise dorazila kolem půlnoci. Kolona s bílými prapory projela Smíchovem a přes most Legií kolem Národního muzea vjela do Bartolomějské ulice. Američtí zástupci tu navštívili vojenské velitelství povstání generála Kutlvašra, aby vzápětí odjeli do sídla německého velitele Prahy, generála Rudolfa von Toussainta, ve vile v Dejvicích. Tam se dozvěděli, že se Schörner nachází v malých lázních Velichovkách, nedaleko Jaroměře. Pratt žádal generála, aby zastavil boje s povstalci, což se mu nepodařilo.

Noční cesta neznámou, bojující Prahou, s naprosto nepochopitelnou vojenskou situací byla pro Američany chaotická a vyžádala si mnoho objížděk, včetně rozebírání barikád. Byla ale i místa, jako například v Holešovicích, kde povstalci americké vojáky odmítli barikádami propustit, z důvodu velkého tlaku nacistů na jejich úsek.

Po průjezdu městem pokračovala mise směrem na Hradec Králové, kam skupina dorazila ráno 8. května, bez jakýchkoliv rušivých momentů. Americké stroje zastavily mezi Velkým náměstím a pivovarem a mnoho obyvatel Hradce si v té chvíli myslelo, že město osvobozuje americká armáda. Přesto, že byla ve městě poměrně silná německá posádka, Američané s ní nezahájili žádné jednání. V nastalé atmosféře se zde odehrávaly podobné scény jako z plzeňského či sušického náměstí 6. května, těsně po příjezdu prvních tanků s bílými hvězdami.

Kolem desáté, systémem kruhového obklíčení přes Nouzov, Jaroměř, Lanžov a Dvůr Králové, dorazila mise do cíle cesty, Velichovek.

Podplukovníku Prattovi a jeho lidem bylo brzy jasné, že ten, po kom pátrali celou noc, je už někde úplně jinde. Podle svědectví náčelníka štábu seskupení Mitte generálporučíka Oldwiga von Natzmera mu 7. května Schörner osobně sdělil, že v noci z 8. na 9. května odletí od své armády a pokusí se dosáhnout bavorských hor, kde mělo být vše připraveno pro jeho ukrytí. Maršál své rozhodnutí zdůvodnil tím, že je příliš známou osobností. Toho dne přišla z OKW (Vrchního velení branných sil ve Flensburgu) spěšná depeše, oznamující příznivé informace o dosaženém příměří 9. května v 8.00 hodin. Večer bylo ale upřesněno, že boje budou zastaveny 9. května už v 0.00 hodin! Tato nečekaná změna překazila poslední plány velitelství skupiny německých armád.

Natzmer oznámení o odjezdu svého velitele nepřijal příliš nadšeně, chtěl, aby Schörner osobně řídil kapitulaci u amerických vojsk. Nakonec to byl právě on, kdo oznámil zástupcům všech armád (nedostavili se zástupci 4. obrněné armády) informace o konečném příměří. Všechny oddíly a štáby tak dostaly volnou ruku v tom, aby se na vlastní pěst pokusily dostat tak daleko na západ, jak jen to bude možné.

Celý odjezd velitelství armád Mitte byl zpožděn z důvodu čekání na plukovníka Meyer - Detringa, který sem vezl nové instrukce a vysvětlení, proč bylo příměří uzavřeno tak nevhodně brzy. Sám Schörner už ráno 8. května odjel s vojenskou kolonou směrem na Žatec, kde mělo být zbudováno nové velitelství Mitte k organizaci ústupu na západ. Tady také čekal na svého podřízeného von Natzmera. Zároveň byl připraven z rozkazu samotného Schörnera odlet dvou průzkumných letadel Fi-156 Storch z polního letiště Semonice u Jaroměře do Žatce. Vzhledem k dramatické situaci, kdy se vše měnilo s každou minutou, plán pilotů Gastla a Mocka na včasný odlet nevyšel a oba odletěli se značným zpožděním. Když k večeru nad místem přistání u Žatce viděli německá vozidla s bílými prapory a blížící se ruské pancéřové průzkumy, bylo jasné, že rozkaz už nelze splnit. Obě letadla nakonec přistála v Německu u letiště Feldkirchen, jihovýchodně od Mnichova.

U letištní plochy v Žatci se v podvečer objevily ruské tanky a maršál Schörner rozhodl, že přesun bude pokračovat do Podbořan, kde bylo bojové stanoviště letectva s generálem Seidemannem. Tady požádal o civilní oblek a k ránu odletěl s letadlem Storch, pilotovaným Erichem Plockem do Tyrol, aby údajně splnil Hitlerův rozkaz, bránit jako velitel Alpskou pevnost, která však neexistovala. Zároveň nacistický maršál zanechal u letiště svého spícího podřízeného Natzmera, s nímž se právě o letadlo dostal do ostrého sporu. Náčelník štábu požadoval letoun pro sebe, aby mohl odletět k armádám, s nimiž bylo ztracené spojení. Ferdinand Schörner se 15. května vzdal po odjezdu z Kitzbühlu do amerického zajetí, odkud byl později v Salzburgu předán Rusům...

Ve Velichovkách se však, kromě demoralizovaných německých vojáků a oficírů, kteří tu ničili nejrůznější dokumenty, nacházel v podzemním bunkru archiv východních armád, který se operativně převážel s ustupujícím Wehrmachtem před Rudou armádou. Po čtyřech hodinách pobytu se obrněné vozy M 8 vydaly na zpáteční cestu obtěžkané podlouhlými dřevěnými bednami, připevněnými na jejich bocích. Ne všechny dokumenty byly tehdy vhodné ke zničení.

Na zpáteční cestě z Velichovek se celá kolona znovu rozdělila. Část vozidel M 8 a jeden jeep zastavily kolem 15. hodiny opět v centru Hradce Králové, tentokrát na Děkanském náměstí. Vojáci tu poblíž katedrálního kostela sv. Ducha dávali autogramy a na oplátku je Češi hostili koláči a pivem. Speciální nabídkou byla pečená husa. Zbývající malá část skupiny odjela z Velichovek ve směru na Ostroměř.

Zodpovědní němečtí důstojníci se tak už před příjezdem Američanů dozvěděli tvrdou realitu, k rozpadu protihitlerovské koalice v žádném případě nedojde! I proto patrně došlo ke změně v ústupovém plánu nacistických vojsk. Zbraně připravené do poslední chvíle na očekávaný zvrat v konci války byly najednou k ničemu. V poledne 8. května se rozhořely ohně na mnoha strategických místech, letištích, skladech. Předem určené vojenské objekty začaly spěšně likvidovat speciální skupiny.

Celou dobrodružnou akci průzkumného oddílu americké armády neminulo občasné bloudění, hledání správných směrů, kontakty s bojovými střety povstalců se zbytky německých jednotek, ale také například záchrana 50 rukojmí z řad obyvatel Českého Brodu, kterým hrozila poprava v posledních hodinách války. Cestou zpět došlo v Ostroměři k zajetí a následné popravě osmi německých důstojníků, kteří se chtěli ve vojenském voze s bílou vlajkou dostat s americkými vojáky na západ. Plán nacistů, kteří odmítli odzbrojení, překazila tamní česká odbojová skupina a popravu vykonali ruští partyzáni pod vedením velitele Sosulina u budovy nádraží.

Na zpáteční cestě se už Američané bojující Praze vyhnuli přes Kladno, Beroun a 8. května večer dorazili zpět do Plzně.

Celá legendární mise, ač nebyla zcela úspěšná, byla snahou amerického velení rychle vyřešit bezvýchodnou situaci kolem Prahy a v co nejkratší době vyjednat ukončení bojů v hlavním městě. Nikdo ze zúčastněných ani zdaleka netušil, že v tomto prostoru končil jeden horký evropský válečný konflikt a zároveň začínal úplně nový, v budoucnu zvaný studená válka.

Druhá světová válka na českém území skončila vlastně až 11. května, kdy Rudá armáda v prostoru Lysá n. Labem, Jičín, Hořice, Pardubice, Chrudim, Chotěboř a Kolín obklíčila zbytek skupiny armád Střed v počtu 860 000 mužů.

The American military mission to Velichovky

On the 30th of April Adolf Hitler committed suicide in Berlin. The newly appointed Nazi government under Admiral Karl Doenitz in Flensburg wanted to play a dangerous game with the Allies. On the afternoon of May 5th, Admiral von Friedenburg arrived in Reims, France to negotiate a truce. He proposed to General Eisenhower a treacherous proposal for a truce in the West, but with the continuation of fighting in the East. Eisenhower firmly refused this proposal and insisted on the unconditional surrender of Germany on all fronts. Only when the Chief of Staff, Gen. Smith, made it clear to the German side that refugees would be prevented from crossing the line to the American military side did the Germans agree.

The Chief of Staff of the German Armed Forces, General Jodl, signed the Unconditional Surrender of Germany on May 7th, 1945, at 2:41 a.m. However, the surrendering German generals outsmarted the Allies with a claim that it would be impossible to inform the armies in the field about the agreement in time, as the lines of communication were broken down. Eisenhower agreed to postpone the application of the cease-fire for 48 hours. All hostilities were supposed to cease at mid-night on May 9th. In this way the German troops gained more time to get closer to American lines. On the same day in the afternoon Doenitz signed a deceptive directive to the Army Groups Middle, South, and Southeast, fighting in the Eastern sector, to disregard the situation on the western front and keep on fighting.

The 62 fully armed divisions comprising the Army Group Middle, under the dynamic but erratic Field Marshall Schoerner, were deployed in the center of the Middle Bohemian Basin. Hitler's favorite officer, Schoerner, aged 54, had his field Headquarters in Velichovky, a small resort about 30 km North of Hradec Králové.

The Americans were very much aware that Schoerner's army, with almost 2,000 tanks and other heavy weapons, could cause a lot of trouble in the Central Bohemian region. Prague, the fighting Czechoslovak capital, in its very center, was the most likely target. At the end of April, Schoerner commanded almost a million well trained, equipped, and fully armed troops. It became imperative to inform Schoerner in person about the signed surrender of all armies, resulting in his own possible surrender. The Red Army was located somewhere in the vicinity of Dresden and in the South near Brno. At the time, there were no reports of their movements.

Eisenhower's somewhat premature dealings with the Russians about the positioning of the demarcation line complicated and dramatized the situation. The heart and capital of Bohemia was in an absurd position indeed. In spite of heavy fighting in Prague, and unsecured situations in other locations, the unaware insurgents had to wait for the unsure arrival of the Red Army. The U.S. Army being much closer and ready was not allowed to go! On May 6th, the Americans had to return their units to the previously agreed upon demarcation line. It was very much in their power to take not just Salzburg, but the last remaining big and important city-Prague, which on May 8th, eventually liberated itself under extremely dramatic circumstances.

On May 7th, a British Dakota landed on the Plzeň Airfield. It was delayed for five hours with Col. Wilhelm Meyer-Detring from the Flensburg General Staff on board. In his briefcase was the order to surrender addressed to Field Marshall Schoerner. Most participants mistakenly expected Schoerner to direct the battle in Prague.

In the just liberated city an intelligence expert was already waiting for Detring. It was LtCol. Robert H. Pratt, from the G 3 Dept. of V Corps. He arrived in Plzeň on the same afternoon and had one thing on his mind - hopefully to stop the last likely battle in Europe. Forty men from Troop B of the 23rd Cavalry Reconnaissance Squadron, which was the first to arrive in Plzeň on May 6th, were selected for this classified mission. After 9:00 p.m. Major Carl Dowd, the Commanding Officer, issued orders to start the engines and go. The column of M 8 APCs, several jeeps, a field ambulance and the staff vehicles started the secret mission with a night drive to Prague.

Little did the American soldiers with V Corps insignia on their sleeves know what adventures lay ahead; that the trip would eventually take 220 km there and more than the same distance back, all behind the demarcation line, and would be full of unpredictable events.

The group arrived in Prague around midnight. The convoy marked with white flags drove trough Smíchov, across the Legií Bridge, around the National Museum and stopped in Bartolomějská Street. Here the American representatives visited the insurgent headquarters of Gen. Kutlvašr. From there the Americans departed to see Gen. Rudolf von Toussaint, the German Commander of Prague in his residence located in a mansion in Dejvice. Here they were informed that Schoerner was not in Prague at all, but in the small resort town of Velichovky near Jaroměř instead. Pratt asked the German General unsuccessfully to stop the fight against the insurgents.

The night drive through the unfamiliar city, with the uprising in full swing around them, combined with the totally chaotic and incomprehensible military situation in and around the town, was very confusing for the Americans and required many route changes, including the disassembly of a few street barricades. In some places, for example in Holešovice, the Americans were refused passage by the barricade defenders due to the Nazi pressure on their sector.

Once the soldiers managed to find their way out of the city, the mission continued in the direction of Hradec Králové, which was reached on the morning of May 8th, without disturbance. The American vehicles stopped between the big square and the city brewery. Many Hradec inhabitants were under the impression that the town was just being liberated by the U.S. Army. Although the city had a strong Wehrmacht garrison, the Americans did not enter in negotiations with the Germans. In the general mood of liberation, the soldiers again experienced scenes resembling Plzeň or Sušice city squares on the 6th of May, right after the arrival of the first tanks with the white star.

Around 10 a.m. the expedition reached the target location, Velichovky, using a rotary detour and passing on the way through Nouzov, Jaroměř, Lanžov, and Dvůr Králové.

However, it became obvious to LTC Pratt and his party that the person they were looking for the whole night long was already elsewhere. According to the testimony of LtGen. Oldwig von Natzmer, the Chief of Staff of Army Group Middle, Schoerner told him on May 7th, that he was going to leave his army by plane on the night of May 8th, and would try to reach a secret hideout in the Bavarian mountains previously prepared for him. The Field Marshal justified his decision by pointing out that he was too much recognized and well known as a public figure. That day an urgent message from the OKW (Supreme Headquarters of the Defense Forces) in Flensburg arrived, stating affirmatively that the cease-fire was going to start on May 9th, at 8 a.m. However, in the evening, it was clarified that hostilities should cease already at mid-night of that day! This change spoiled the plans and last hopes of the German Army Group Headquarters.

Natzmer was not too enthusiastic about the departure of his general. He wanted Schoerner to negotiate the surrender of his armies to the Americans in person. In the end it was just up to Natzmer to announce the news about the definitive cease-fire to representatives of all his armies (except the 4th Armored Army whose representatives failed to show up). In this way, all the commands and units were given a free hand to run and get as far West as possible on their own.

The whole departure of Army Group Middle Headquarters was delayed due to waiting for Col. Meyer - Detring, which was supposed to bring back new instructions and explanation about the premature cease-fire. Schoerner himself had already left on the morning of the May 8th, heading for Žatec in order to establish there a new Army Group Middle Headquarters assigned to organize the relocation of the whole Army Group Middle to the West. Here he waited for Natzmer, his subordinate. At the same time he ordered the departure of two light reconnaissance Fi-156 Storch planes from the airstrip at Semonice, by Jaroměř, to fly and land in Žatec. However, the whole situation was in a state of flux, with major changes taking place with every passing minute. The planned early departure failed and both pilots, Gastl and Mock, left after considerable delay. On landing that evening they saw from the air the German vehicles with white flags standing on the landing site, and Russian reconnaissance armor closing in. It was clearly impossible to carry out the order. In the end, both planes landed near Feldkirchen, Germany, southeast of Munich.

The appearance of Russian tanks near the Žatec airstrip prompted Marshall Schoerner to relocate again, moving his Headquarters to Podbořany Combat Air Force Base instead, with Gen. Seidemann in charge. Here the Field Marshal requested civilian clothes and left hastily before daybreak in the Storch light observation plane. With Erich Plock at the controls, he headed for Tirol in order to fulfill the supposed order of Hitler, charging him to command the defense of the non-existent Alpine Fortress. At the same time the legendary Nazi general left his subordinate, Natzmer, asleep near the airstrip. Both generals previously had argued for usage of the plane, as the Chief of Staff wanted to rejoin his armies left behind without any means of communication. In the end Herr Field Marshal Ferdinand Schoerner surrendered to the American forces on the 15th of May after leaving Kitzbuehl, Austria. In Salzburg the elusive, mercurial General was finally transferred to the Russians despite his dubious schemes.

However, with possession of the demoralized German soldiers, and the officers already busy destroying all documents, there remained a real treasure. It was the Eastern Armies Archive, hidden in the underground shelter, subject to transfer by the retreating Wehrmacht. It should not fall into the hands of the advancing Red Army. After a four hour stay, the M 8s turned back home loaded with long crates firmly attached to their sides. Not all the documents were ready for destruction at the time.

On the way back from Velichovky the convoy separated again. Most M 8 APCs and one jeep stopped again around 3 p.m., in downtown Hradec Králové, this time on the Dean Square, near the Church of the Holy Spirit. The soldiers were signing autographs and receiving cakes and beer in return. A special treat was baked goose. The remaining vehicles left Velichovky in the direction of Ostroměř.

The responsible German officers disoverd the hard facts even before the American arrival. There was no chance for a split in the Anti-Nazi coalition! Perhaps this also contributed to the change in the Nazi army evacuation plans. The weapons, maintained to the very last moment for the expected reversal at the end of the war, suddenly turned out to be useless. At high noon on the 8th of May, fires of destruction were ignited at many strategic locations, airfields, arsenals, and warehouses. Special destruction squads rushed to destroy certain pre-selected military installations.

The adventurous raid of the U.S. Army reconnaissance unit was accompanied by occasional minor disorientation, failure to choose the optimal direction, and involuntary contacts with insurgents fighting remnants of German units. But there were also acts of bravery. For example, in Český Brod, the Americans saved fifty hostages scheduled for execution in the last hours of the war. On the way back, eight German officers in a military vehicle with a white flag wanted to follow the Americans heading West. However, in Ostroměř the officers were challenged, and when they refused to lay down their arms they were captured by a Czech resistance group, and later executed near the railroad station by Russian partisans under Commander Sosulin.

On the way back, the Americans better avoided the delays of passing through the fighting in the big city again, and bypassed Prague via Kladno and Beroun. On the evening of the 8th of May, they returned to Plzeň.

Although not a complete success, the whole legendary mission demonstrated how serious the U.S. Command effort was to promptly solve the troublesome situation around Prague and to negotiate the cease-fire in the capital as soon as possible. None of the participants at the time had the slightest idea that, while in this small part of Europe the "hot" war was ending, the real peace would be short lived. The same geographical area was already becoming the hotbed of a brand new and much longer conflict, later called the Cold War.

In Europe, World War II ended on Czech territory. On the 11th of May, in the area of Lysá nad Labem, Jičín, Hořice, Pardubice, Chrudim, Chotěboř, and Kolín, the Red Army surrounded the remaining 860,000 men of the Army Group Middle.

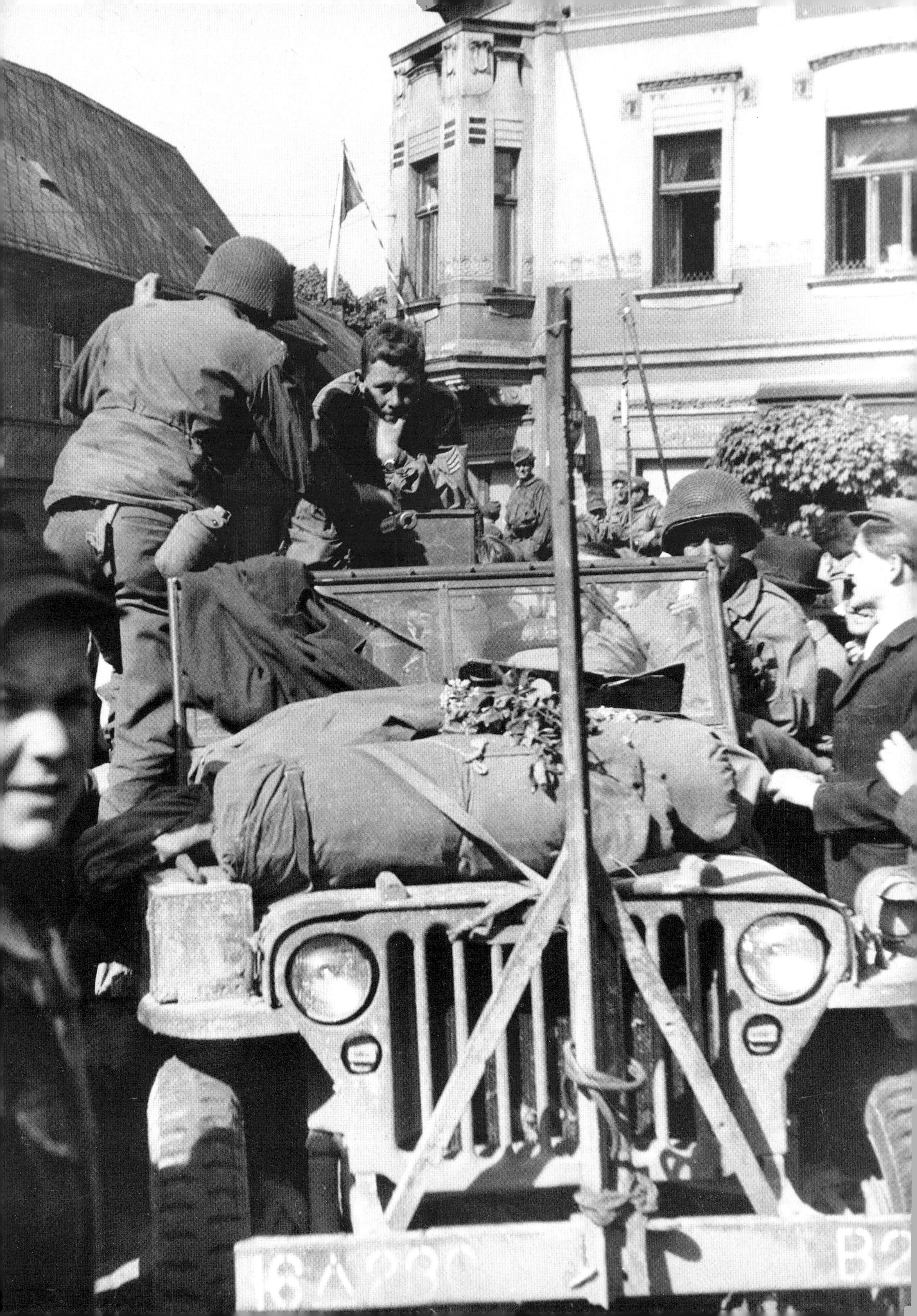

◀◀ **Na cestě do Velichovek za Schörnerem. 8. 5. po 9. hodině zastavila část kolony 23. průzkumné eskadrony na náměstí v Hořicích v Pokrkonoší. V pozadí přihlížejí udivení němečtí vojáci, vlevo je hotel Beránek. Američané ochutnali i známé hořické trubičky.**

On the way to Velichovky in search for Schoerner, May 8th, after 9 a.m. Part of the 23rd Reconnaisance Squadron convoy in Hořice city Square, close to the Krkonoše mountains. In the background are some amazed German soldiers, hotel Beránek is on the left.

◀ ▲ **8. 5. odpoledne-kolona vozidel M8 projíždí po návratu z Velichovek Hradcem Králové. Američané jedou dnešní třídou Karla IV.**

Hradec Králové, afternoon of May 8th. On the way back from Velichovky the M 8s are passing through the city streets. This one is currently named Karel IV. Avenue.

◀ ▲ **Kolona zastavila na Děkanském náměstí pod kostelem sv. Ducha. Důstojníci se radí o trase na Plzeň. Češi obklopili americkou techniku a vojáci se podepisují na památku.**

The convoy standing in Dean Square at the Church of the Holy Spirit. American officers discuss the optimal route to Plzeň. The Czechs crowding around the vehicles want to see the American military hardware and the soldiers are busy signing autographs.

◀ ▼ **8. 5. pozdě odpoledne. Průzkumné vozy M8 při návratu z Hradce Králové projíždějí lázněmi Poděbrady.**

Poděbrady spa, late afternoon on May 8th. After leaving Hradec Králové, the M 8 reconnaisance vehicles are passing through the health resort of Poděbrady.

■ 16. obrněná divize byla 9. 5. převelena na Tachovsko a do Mariánských Lázní. Než osvoboditelé Plzně opustili město, stály jejich tanky, kde se dalo. Snímky z Kopeckého sadů, u budovy muzea a na Borech.

Prior to the May 9th redeployment to the Tachov and Mariánské Lázně area, the 16th Armored Division tanks in Plzeň used any open space for parking. The Kopeckého Sady city park in downtown and the Borský park on the southern outskirts used to look this way.

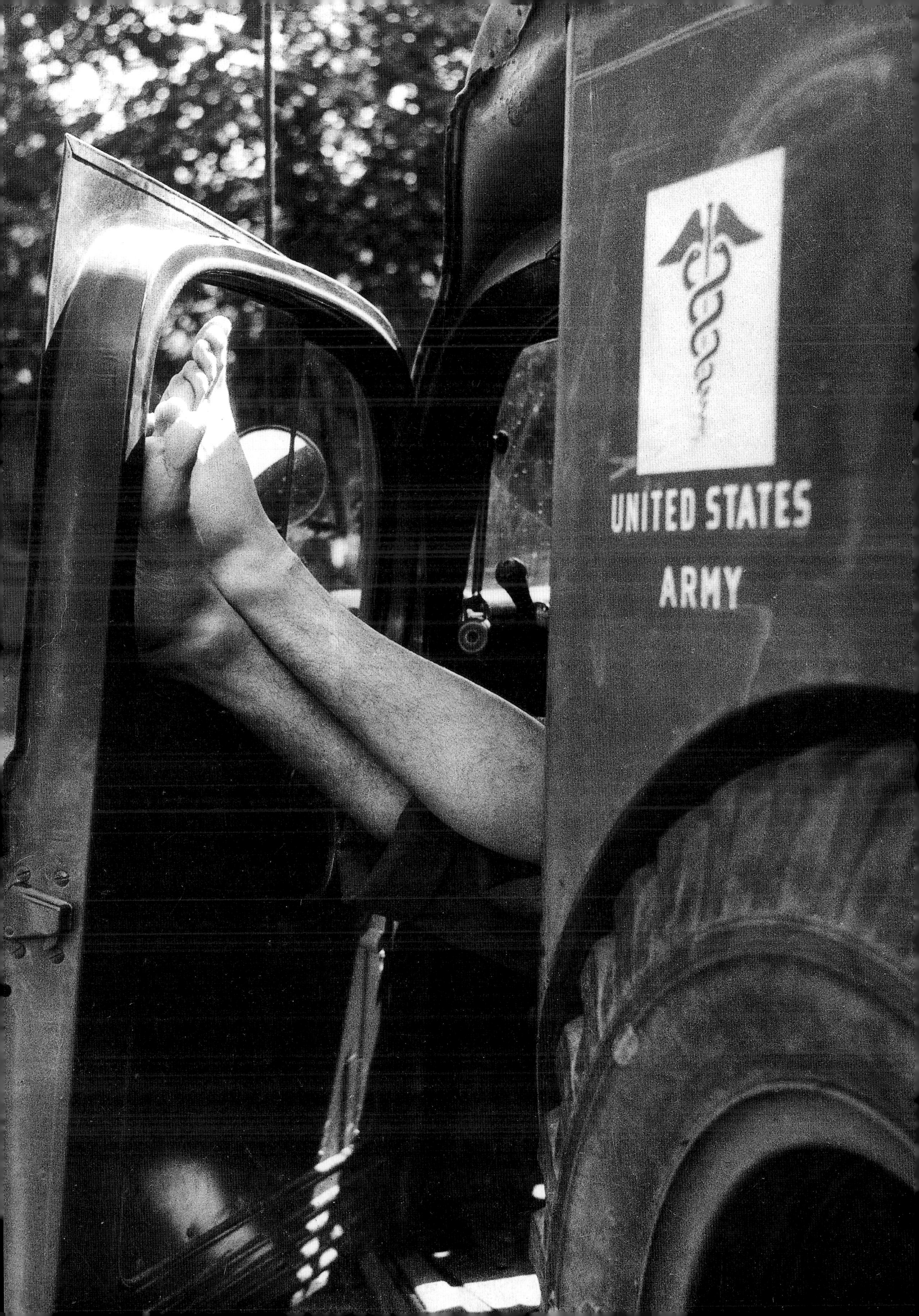
UNITED STATES
ARMY

■ Plzeň po osvobození - vojenská technika parkuje v ulicích, parcích a na náměstích po celém městě.
Following liberation, American military vehicles are parked all over Plzeň streets, squares, and city parks.

■ **Vojenské ležení 16. obrněné divize na náměstí Republiky. V pozadí domy nesoucí stopy posledních bojů. Je po všem.**
The 16th Armored Division in Republic Square. The houses in the background show damage due to the recent fight. It's over.

53 MED BN
CP
97 QM BN
505th QM
LAUNDRY
MP
684 MED.
CLEARING
STATION

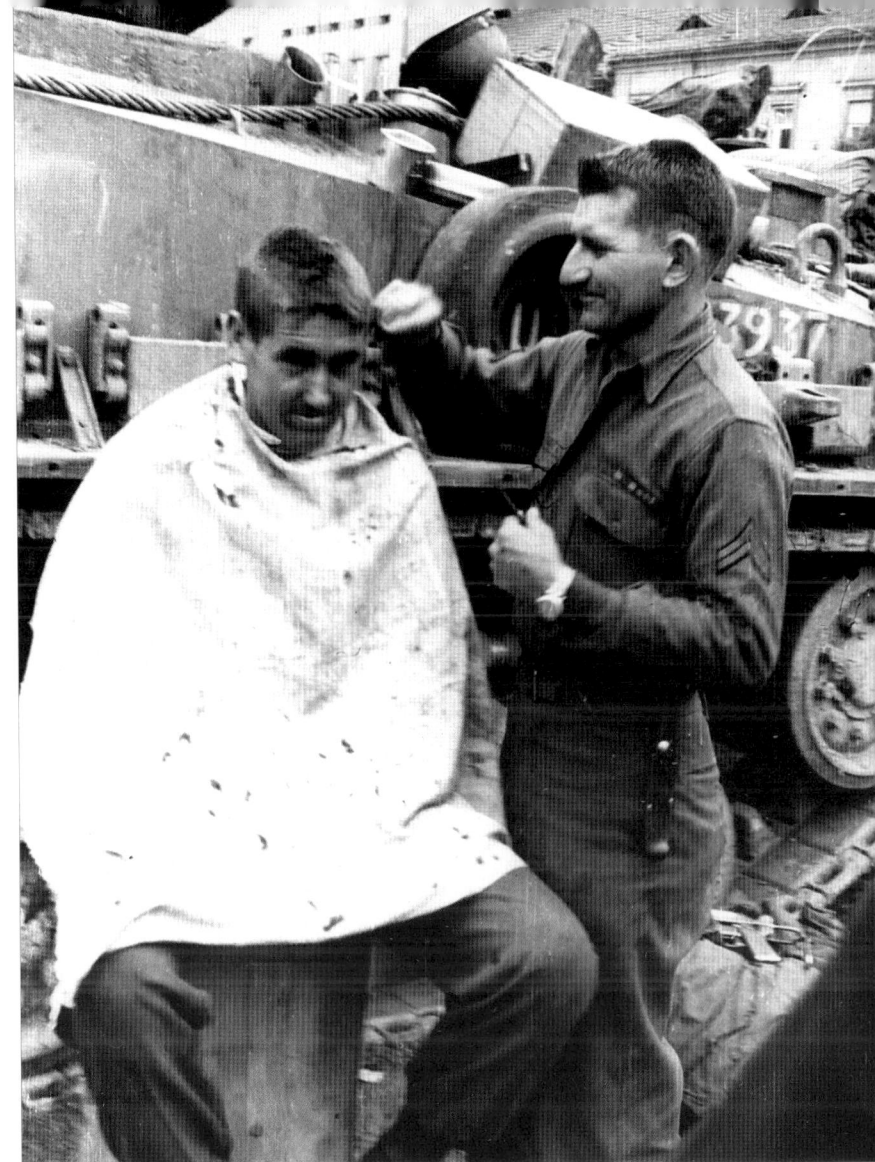

■ **První volné chvíle zábavy a odpočinku po válce.**
First moments of free time and rest since the war was over.
◀◀ **Osamělost vojenského policisty u nádraží.**
The loneliness of one MP near the railroad station.

UČŇOVSKÁ ŠKOLA
ŽIVNOSTI
KOVODĚLNÉ

▲ **Orchestr 2. pěší divize často koncertoval na plzeňském náměstí a Plzeňané se zájmem poslouchali řízné vojenské pochody.**
The 2nd Infantry Band playing in Plzeň city square. The military marches became the most popular part of the routine performances.

▼▼ **Na okrajích města vyrostly velké vojenské stanové tábory. Snímek z Borského parku. Mnoho amerických vojáků odcházelo odpočívat po skončení svých povinností do českých rodin.**
The outskirts of town were full of large military campgrounds. This one was in the Borský park. Many American soldiers found a second home with Czech families.

◀◀ **9. 5. jednal v Plzni na velitelství V. sboru generál Vlasov, jehož jednotky pomáhaly osvobozovat Prahu. Sovětské velení nedovolilo Američanům převzít generálovy divize do zajetí. Osud hrdiny od Moskvy se naplní 12. 5. nedaleko Lnářů. Bude i se svým štábem zatčen sovětskými důstojníky a v roce 1946 jako zrádce pověšen v Moskvě (zleva gen. Andrej Vlasov a plk. Noble).**
Plzeň, May 5th. Gen. Vlasov (left) and Col. Noble (centre) leaving the V Corps Headquarters. Although the Vlasov's units helped to liberate Prague, the Soviet Command insisted on their transfer to the Soviet captivity. In few days Vlasov, the Moscow's defense hero, and his Staff will be arrested near Lnáře by Soviet authorities and eventually hanged for treason in Moscow in 1946.

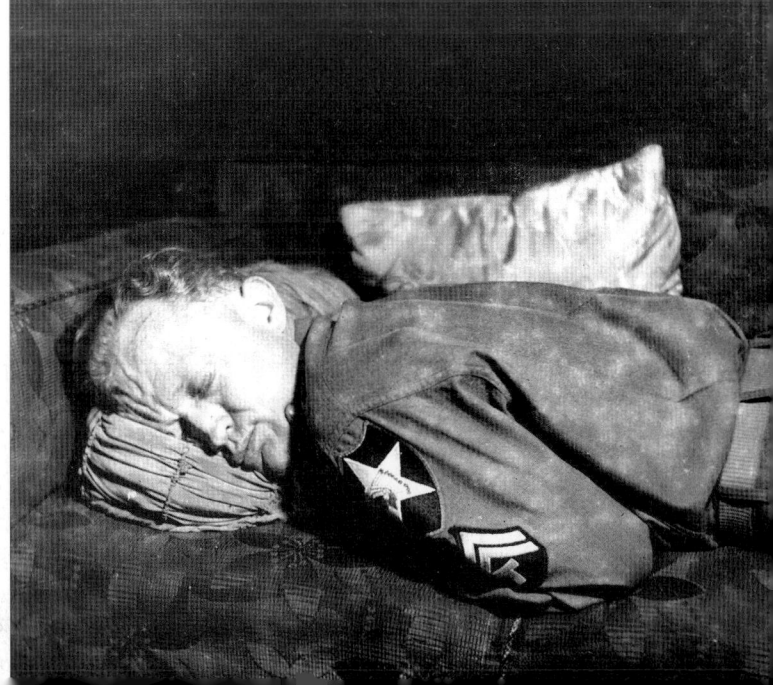

▶ **27. 5. zažily americkou vojenskou přehlídku Rokycany. Z tribuny pozdravil občany plukovník Ginder. Starosta Hejrovský připnul na prapor 9. pluku 2. pěší divize stuhu města Rokycan s věnováním.**

Rokycany, May 27th. Col. Ginder reviewing the American military parade addressed the citizens. The 9th Reg., 2nd Infantry Division Flag was decorated with the Rokycany city ribbon dedicated by Mayor Hejrovský.

▼ **31. 5. byl na hřišti SK Plzeň-Bory uspořádán Americký sportovní den. Ve 14.15 hodin začala ukázka amerického sportu, baseballu.**

Plzeň-Bory, May 31st. The local Sport Club hosted the American Sport Day. At 2:15 p.m. baseball started.

▲ **Pověstnou čistotu a eleganci amerických vojáků udržovaly pojízdné prádelny.**
The mobile laundries were given a lot of credit for the legendary neat appearance of American soldiers.

▼ **Velitel 16. obrněné divize brigádní generál Pierce vyznamenává podplukovníka Percy Perkinse jr. v Mariánských Lázních 4. 7. 1945. Perkins podepsal s von Majewskim kapitulaci Plzně a byl svědkem generálovy sebevraždy.**
On the 4th of July, 1945, LtCol. Percy Perkins, Jr. is decorated by Brigadier General Pierce, the 16th Armored Division Commander, in Mariánské Lázně. Perkins negotiated with Gen. von Majewski the surrender of Plzeň and witnessed the suicide of the General.

▲ **Americký voják střeží německého zajatce. Snímek u Mikulášského hřbitova nad řekou Radbuzou.**
An American soldier guarding a German POW near Mikuláš Cemetery above the Radbuza river.

▶ **Plzeňské náměstí Republiky zažilo mnoho přehlídek 2. pěší divize.**
The Republic Square in Plzeň witnessed many 2nd Infantry Division military parades.

▼ **Americká vojenská policie používala armádní motocykly Harley–Davidson. Snímek ze Slovanské třídy.**
The Military Police were riding the Army's Harley-Davidson motorcycles. This picture shows the MP in Slovanská Avenue.

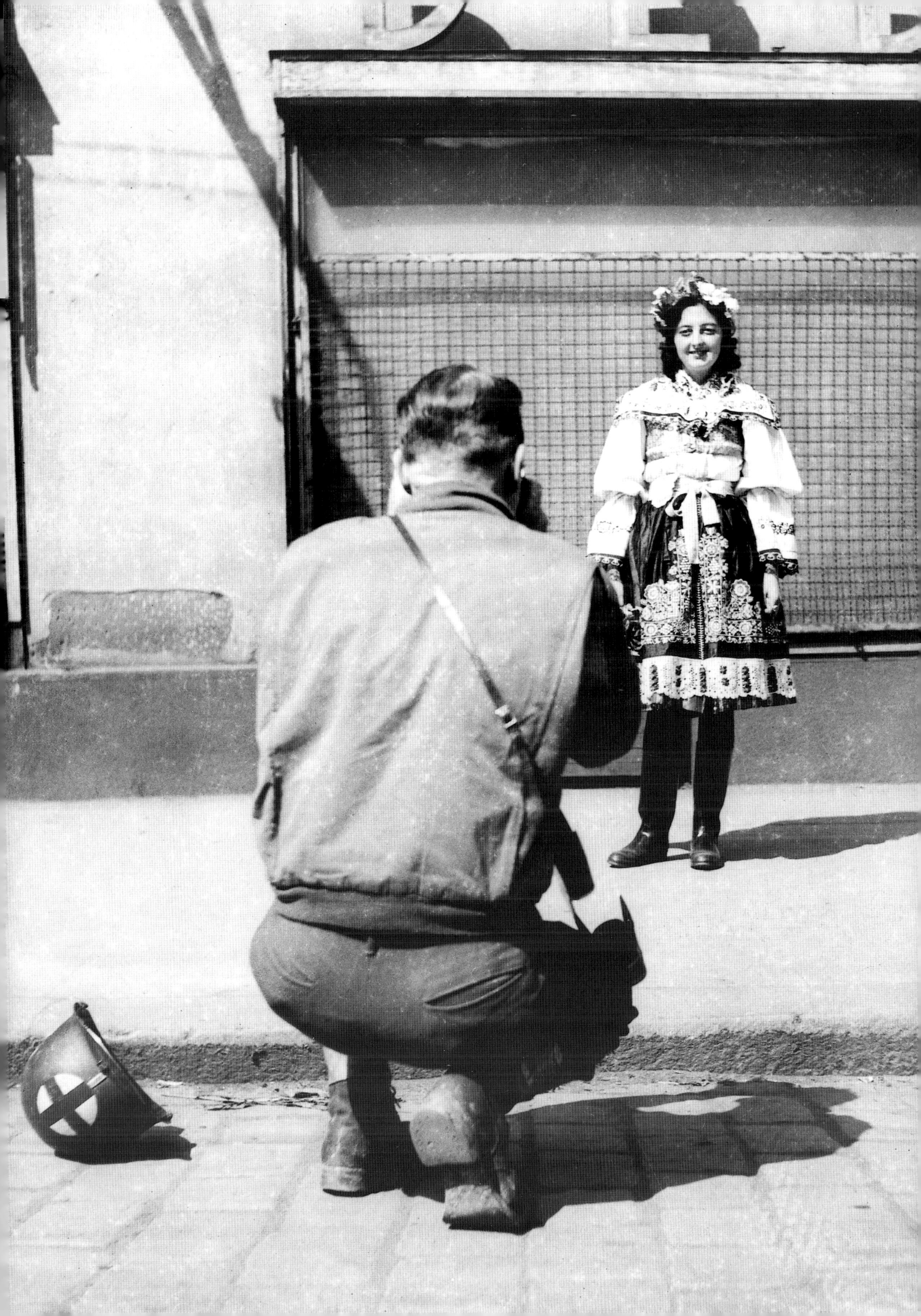

▲ ▲ **12.5. se zúčastnili vojáci 2. pěší divize mše v chrámu Nanebevzetí Panny Marie v Přešticích.**
Přeštice, May 12th. The U.S. soldiers attending a mass in the Ascension of the Virgin Mary Church.

◀ **Dne 17. 5. zazpívala na americké vojenské slavnosti v Přešticích filmová hvězda německého původu, bojovnice proti nacismu Marlène Dietrich.**
Přeštice, May 17th. Marlène Dietrich, the German born, anti-Nazi movie star and popular singer, performing in the American show for the servicemen.

▼ **Na romantickém výletě s českou přítelkyní v okolí Domažlic. V pozadí trhanovský zámek a vrch, poblíž kterého zahynul 30. 4. 1945 v bojové akci stíhací pilot nadporučík Kirkham.**
Dating a Czech girl friend in a romantic setting near Domažlice. On April 30th, 1945, Ltn. Kirkham, a fighter pilot, was killed in action on the hill in the background (right from the Trhanov castle).

Urquell
BÜRGERLICHES BRÄUHAUS
PILSEN.
VÁCLAV
PEJSAR
HOTELIER
75

■ V pátek 15. 6. 1945 přijel do Plzně na pozvání V. sboru americké armády prezident Beneš. Po uvítání na radnici prezident přešel na čestnou tribunu, aby s hosty shlédl vojenskou přehlídku.

Plzeň, Friday, June 15th. President Edvard Beneš honors an invitation from the V Corps. After greetings in the City Hall, the President relocated to the VIP podium to watch a military parade.

■ V 11.30 hodin začala jedna z největších amerických přehlídek v Evropě. Téměř 9 500 vojáků defilovalo napříč slavnostně vyzdobeným městem od Bor po Klatovské třídě, Sady Pětatřicátníků, přes náměstí Republiky směrem na nábřeží.

At 11:30 a.m. one of the largest American military parades in Europe began. Almost 9,500 soldiers filed through the decorated city from Bory to the riverbank via Klatovská Avenue, The 35th Reg. Park, and Republic Square.

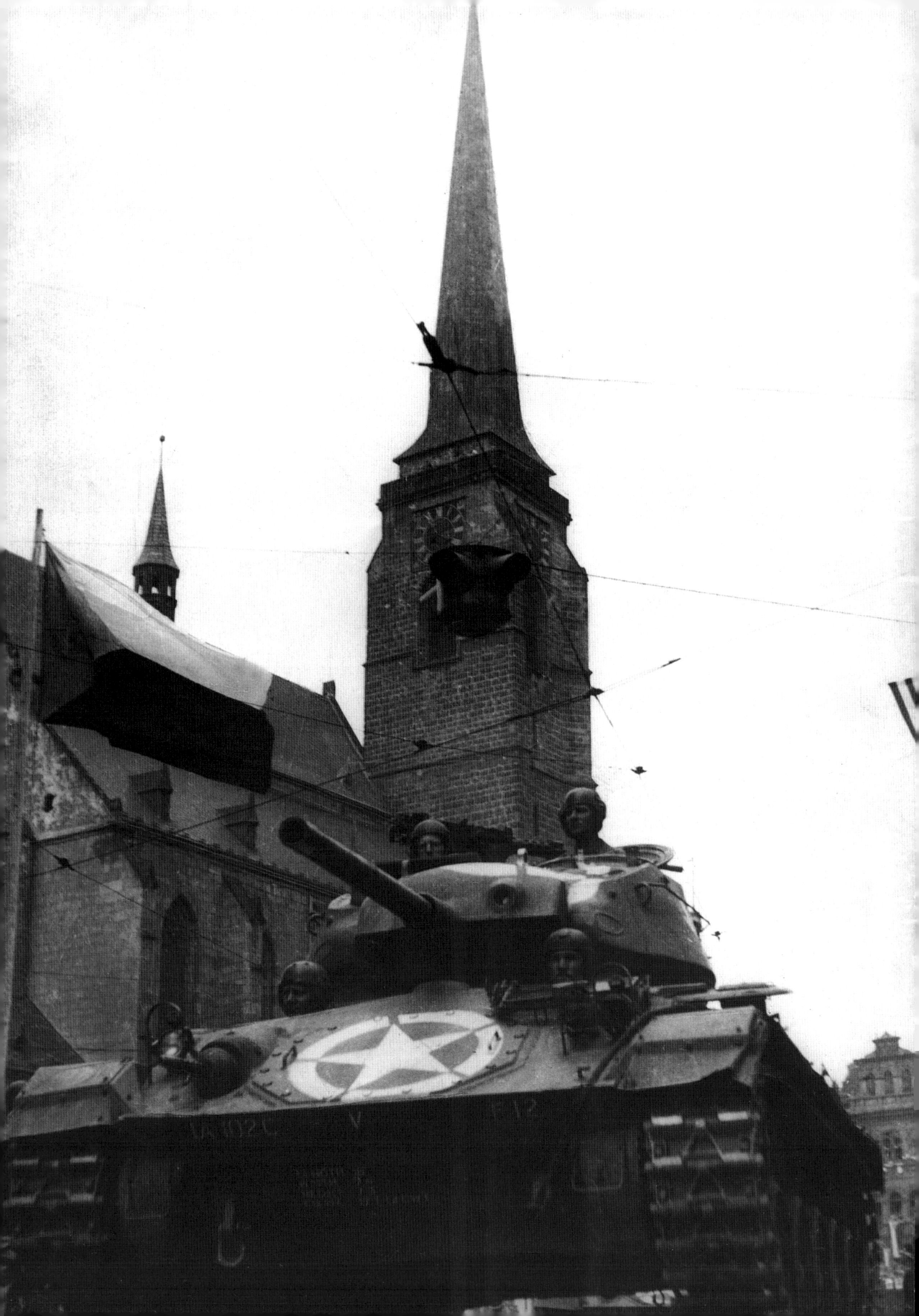

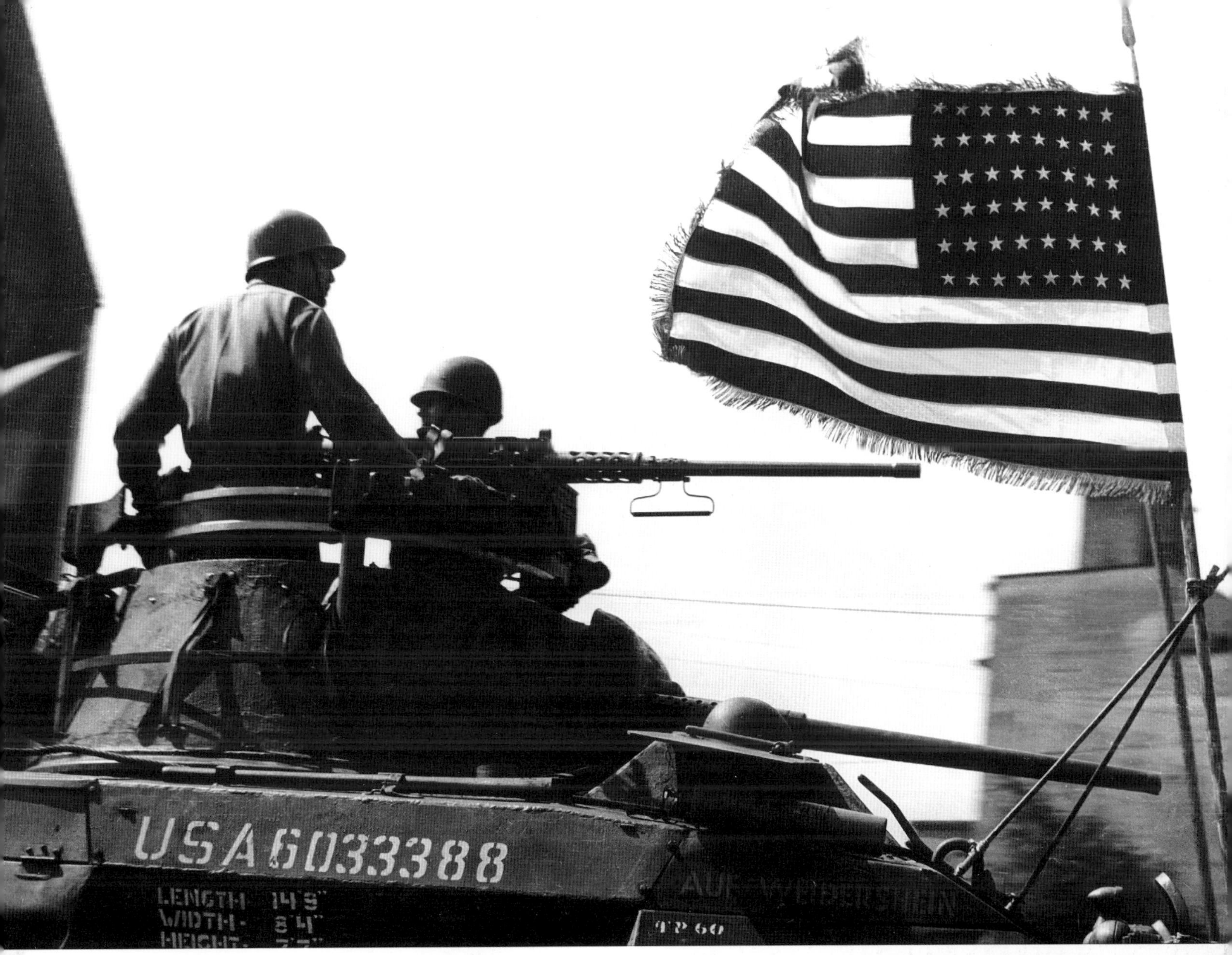
USA 6033388
LENGTH 14'9"
WIDTH 8'4"

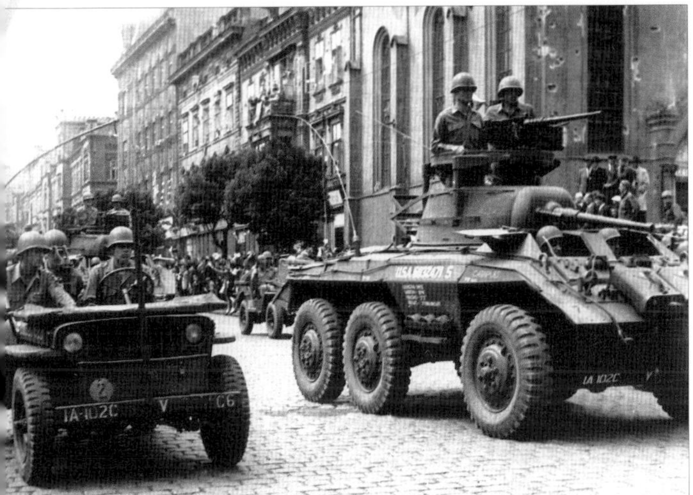

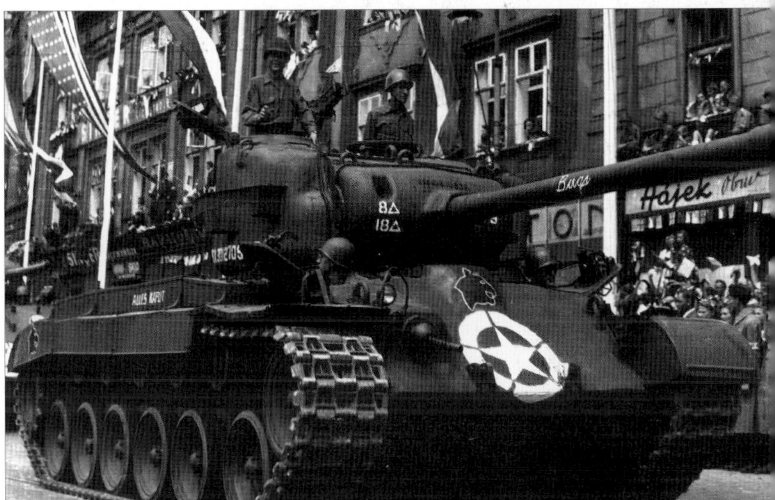
Hajek

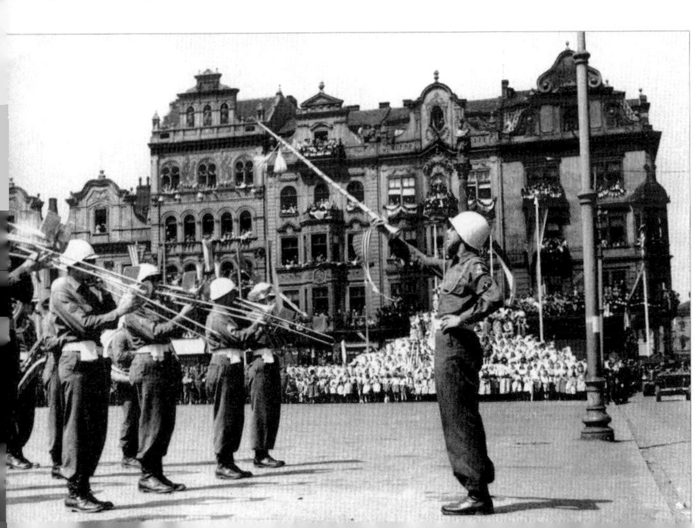

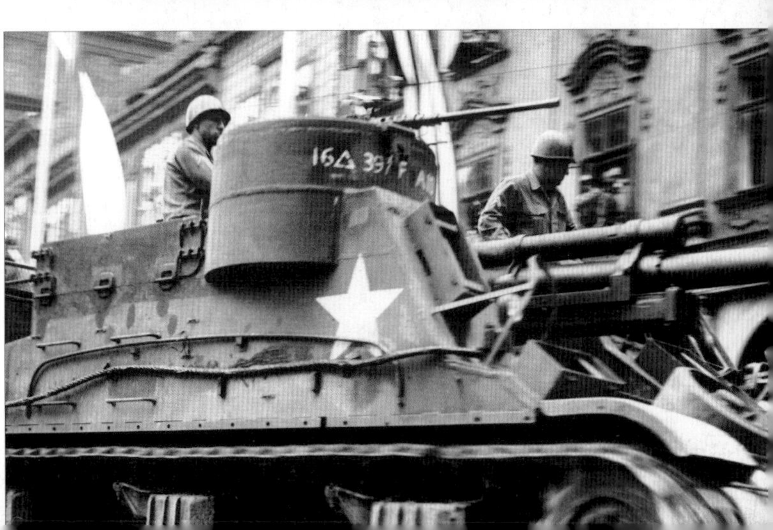

■ **Jeden z nejslavnějších dnů historie Plzně. Celých 90 minut trvala přehlídka slavné vojenské techniky, s jejíž pomocí Američané vedli vítězné boje v západní Evropě.**

One of the greatest days in Plzeň's history. The combat hardware, which helped Americans to win battles in Western Europe was passing by the VIP podium in downtown Plzeň for a whole hour and half.

▸ ▾ ▾ **Po přehlídce vyznamenal prezident Edvard Beneš 7 amerických generálů a 6 důstojníků V. sboru řádem Bílého lva a Čs. válečným křížem 1939. Dalších 35 důstojníků bylo vyznamenáno Čs. válečným křížem 1939.**

After the parade, President Beneš decorated seven U.S. Generals and six V Corps officers with the Order of the White Lion and the Czechoslovakian War Cross 1939. Another 35 officers received the Czechoslovakian War Cross 1939.

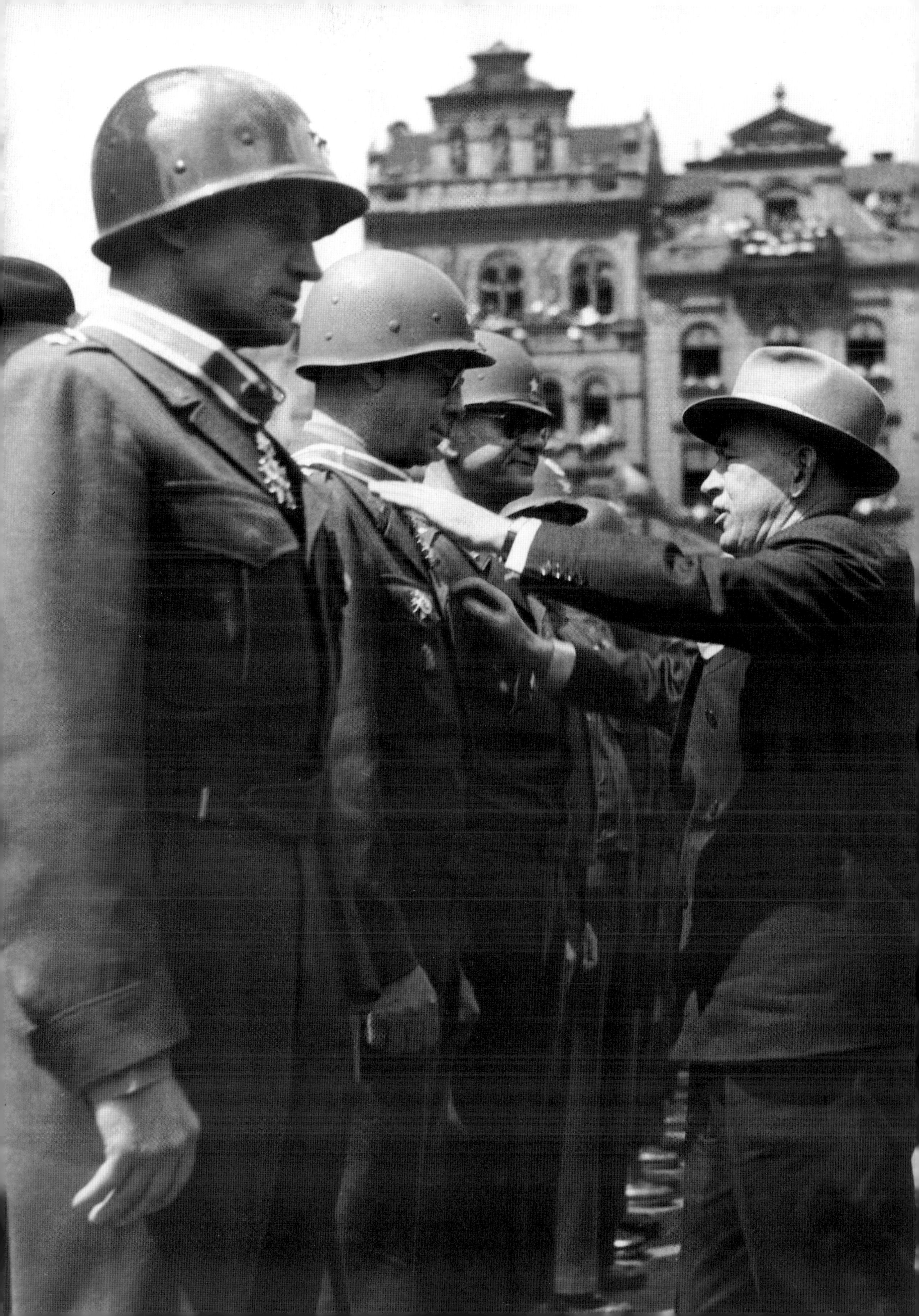

▲ **Dne 25. 6. byly pěší divize V. sboru převeleny přes USA do Tichomoří a V. sbor byl na Plzeňsku nahrazen XXII. sborem pod velením zkušeného generálmajora Ernesta Harmona. Do západních Čech tak přišly nové divize, 8. obrněná, 79. a 94. pěší divize.**

On the 25th of June, the V Corps infantry divisions were recalled to the U.S. to be deployed in the Pacific. In the Plzeň region, the V Corps was replaced with the XXII Corps under Major General Ernest Harmon. The 8th Armored Division, the 79th and 94th Infantry Divisions moved into West Bohemia.

▸ ▲ **Velvyslanec Steinhardt a generálmajor Harmon ochutnávají plzeňské pivo před reprezentační vilou Měšťanského pivovaru.**

Ambassador Steinhardt and Major General Harmon tasting the famous Pilsner beer in front of the City Brewery mansion.

▸ **Dne 4. 8. ve 12.40 hodin pronesl na náměstí Republiky projev nový americký velvyslanec Lawrence Steinhardt.**

Plzeň, August 4th. Mr. Lawrence Steinhardt, the new U.S. Ambassador made a speech in Republic Square at 12:40 p.m.

▸▸ **Odpoledne odjel velvyslanec do Škodových závodů a Měšťanského pivovaru.**

In the afternoon the Ambassador visited the Škoda Works and the City Brewery.

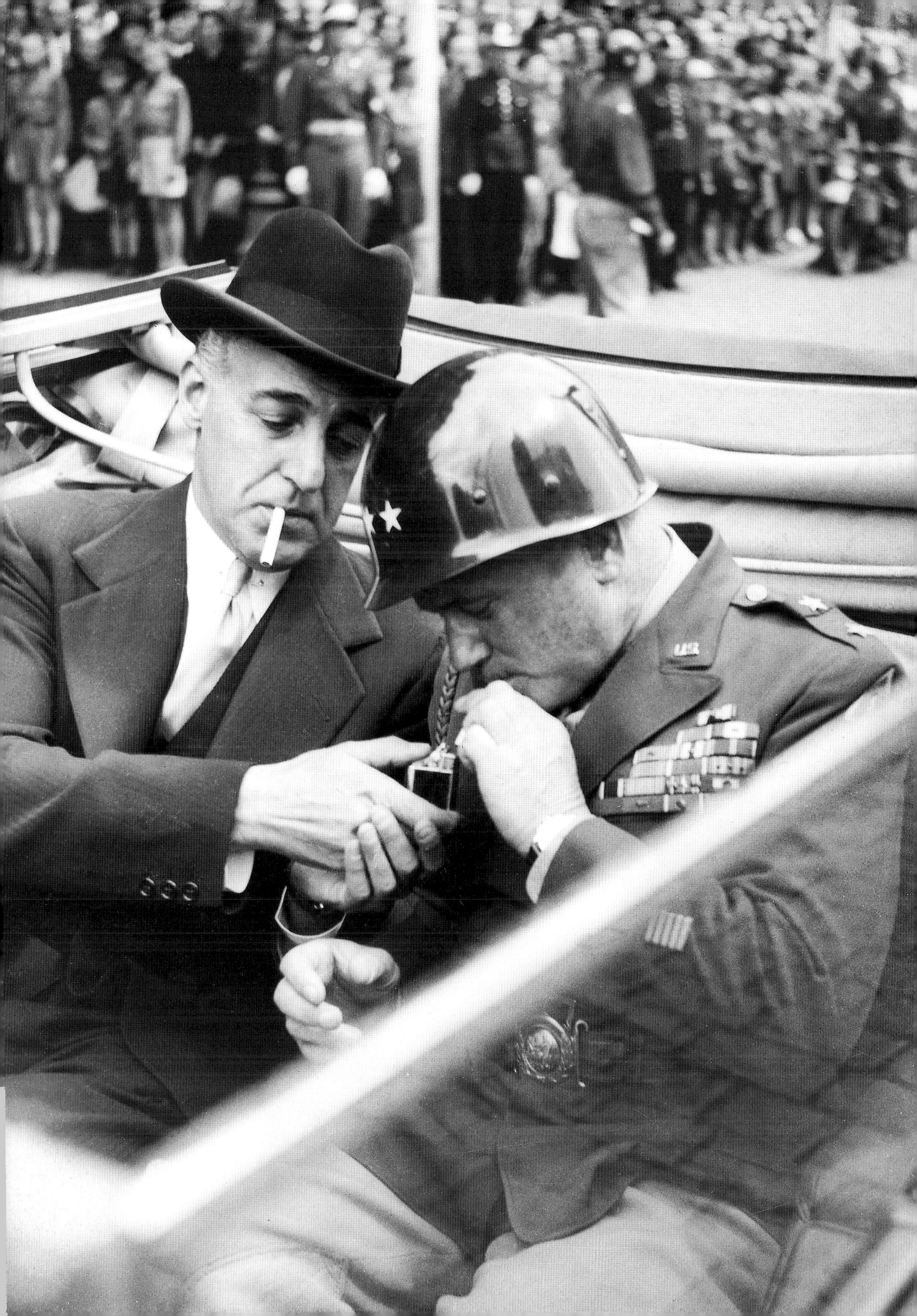

▲ ▼ **17. 7. 1945 přiletěl generál George S. Patton do Horažďovic. Na loukách u Jarova vykonal vojenskou přehlídku a vyznamenal 7 amerických vojáků. Zástupci Sušice a Horažďovic předali generálovi věcné dary.**

Horažďovice, July 17th. General George S. Patton arrived by plane to review his troops on parade in the meadows near Jarov. After decorating seven U.S. soldiers, the General received some small gifts from the Sušice and Horažďovice city representatives.

▶ ▲ ▼ **Dne 27. 7. v 11.30 hodin přistál generál Patton na borském letišti v Plzni, odkud odjel vozem do hlavního města. Odpoledne Pattonovi předal v Praze prezident Beneš řád Bílého lva I. třídy a Čs. válečný kříž 1939.**

Plzeň, July 27th. At 11:30 a.m. General Patton landed in the Bory airfield. In the afternoon Patton left for Prague by car to be decorated by President Beneš with the Order of the White Lion (first class) and the Czechoslovakian War Cross 1939.

■ 10.-12. 9. strávili přátelé, generálové Patton a Harmon, dovolenou na velkostatku v Borku u Tachova. Byla to poslední dovolená Pattona ve funkci velitele 3. armády. Český skaut doprovází na lovu s uctivým pohledem legendárního generála.

Between August 10th–12th Generals Patton and Harmon, both good friends, spent their vacation on the big farm in Borek u Tachova. For Patton it was his last vacation as the 3rd Army Commander. A Czech Scout guide is admiring the legendary General.

◄ Velký stratég a voják, který příliš brzy odhalil nebezpečnou rozpínavost sovětského Ruska, se stal politicky nepohodlným. Poté, co 22. září 1945 veřejně varoval před ovládnutím Evropy komunismem, byl zbaven velení.

The great soldier and strategist soon recognized the danger of Soviet Russia's expansiveness. His views became unacceptable to his superiors and the politicians back in America. After his outspoken statement on September 22nd, 1945, that Europe may eventually turn Communist, he was relieved from his command.

G S Patton Jr
General

◀ ▲ ▲ **14. 9. dopoledne navštívil Patton Rokycany a po přehlídce promluvil na náměstí k americkým vojákům. Ve 13 hodin se generál zúčastnil v Plzni recepce v Grandhotelu Smitka. Ve 14.30 odletěl z borského letiště zpět do Německa.**
Rokycany, September 14th. In the morning, Patton visited the city and after the parade addressed the U.S. soldiers. At 1 p.m. the General took part at a banquet in the Grand Hotel Smitka in Plzeň. At 2:30 p.m. he left from the Bory airfield back to Germany.

▼ **Rozloučení s americkou armádou v Plzni 20. 11. 1945. Zleva genmjr. Harmon, velvyslanec Steinhardt a ministr Masaryk.**
Plzeň, Nov. 20th, 1945. Farewell to the U.S. Army. From the left Mj. Gen. Harmon, Ambassador Steinhardt, and Minister Masaryk.

- **Jan Masaryk děkuje americké armádě za vojenskou a hospodářskou pomoc. Zaplněné plzeňské náměstí se loučí s XXII. sborem.**
  Minister Jan Masaryk thanks the U.S. Army for the military and economic assistance rendered. The crowded Republic Square gives the last Good bye to the XXII Corps.

- **Generálmajor Ernest N. Harmon byl velkým přítelem Československa.**
  Major General Ernest N. Harmon was a great friend of Czechoslovakia.

▲ ▼ Celá slavnost byla zahájena ve 12 hodin. Po oficiálních projevech začala pod kostelem sv. Bartoloměje poslední vojenská přehlídka.

The event started at noon. The VIP speeches were followed by the last American military parade.

▶ V červenci zhotovil plzeňský sochař Walter pamětní desku, kterou Plzni věnovala 16. obrněná divize za pomoc při osvobozování města. Bronzovou desku odhalil na radnici 29. 9. 1945 plukovník Noble za přítomnosti generálmajora Harmona.

Mr. Walter, a Plzeň artist, crafted a commemorative brass plate dedicated to the City of Plzeň by the 16th Armored Division for the assistance rendered during the city liberation. On the September 29th, 1945, the plate was unveiled in the City Hall by Colonel Noble with Major General Harmon witnessing.

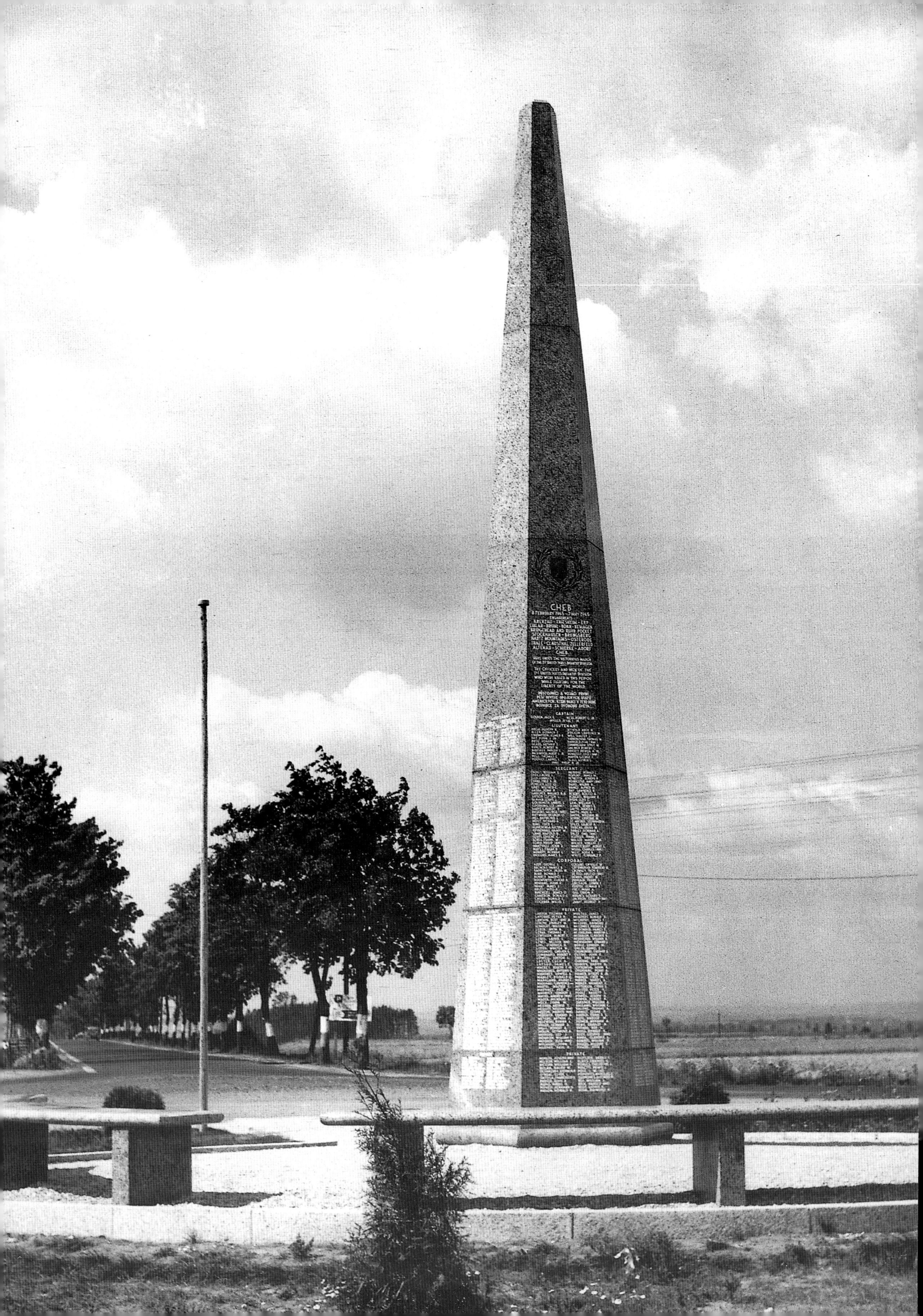
CHEB
CAPTAIN
LIEUTENANT
SERGEANT

◀▲ V červnu 1946 byl za chebským letištěm na tzv. „Ypsilonce" vztyčen téměř 10metrový šestiboký jehlan věnovaný památce důstojníků a vojáků 1. pěší divize, padlých od února do května 1945 v Německu a na českém území. Na památníku je 639 jmen, některá českého původu. **Vojtisek Frank, Kubata Georg, Kapustka Josef, Droz Josef, Placek Emil, Kazda Matěj… Byl to jediný americký památník, který komunisté nezničili, ale zakryli hustou hradbou cypřišů a okolní silnici odvedli jiným směrem.**

In June 1946, a 30 ft. tall hexagonal monument, dedicated to the officers and soldiers of the 1st Infantry Division killed in action between February and May 1945 in German and Czech territory, was unveiled at the "Y" site near the Cheb airstrip. There are 639 names on the monument, some of them of Czech origin. Vojtisek Frank, Kubata Georg, Kapustka Josef, Droz Josef, Placek Emil, Kazda Matěj and more. This is the only American monument not destroyed by the Communists. However, it was blocked from view by a dense barrier of cypress trees, and the nearby highway was relocated in order to suppress any memory of the fallen American soldiers.

▶▲▶▶ **4. 5. 1947 byla v Plzni na křižovatce U Práce v 11.30 hodin zahájena slavnost položení základního kamene k památníku americké armádě. Mezi mnoha hosty byl i velvyslanec Steinhardt. Základní kámen poklepává primátor Plzně dr. Karel Křepinský.**

Plzeň, May 4th, 1947, 11:30 a.m. The Foundation Stone of the U.S. Army Memorial was officially put in place by Dr. Karel Křepinský, the city Mayor. The VIPs present at the celebration included Mr. Steinhardt, the U.S. Ambassador.

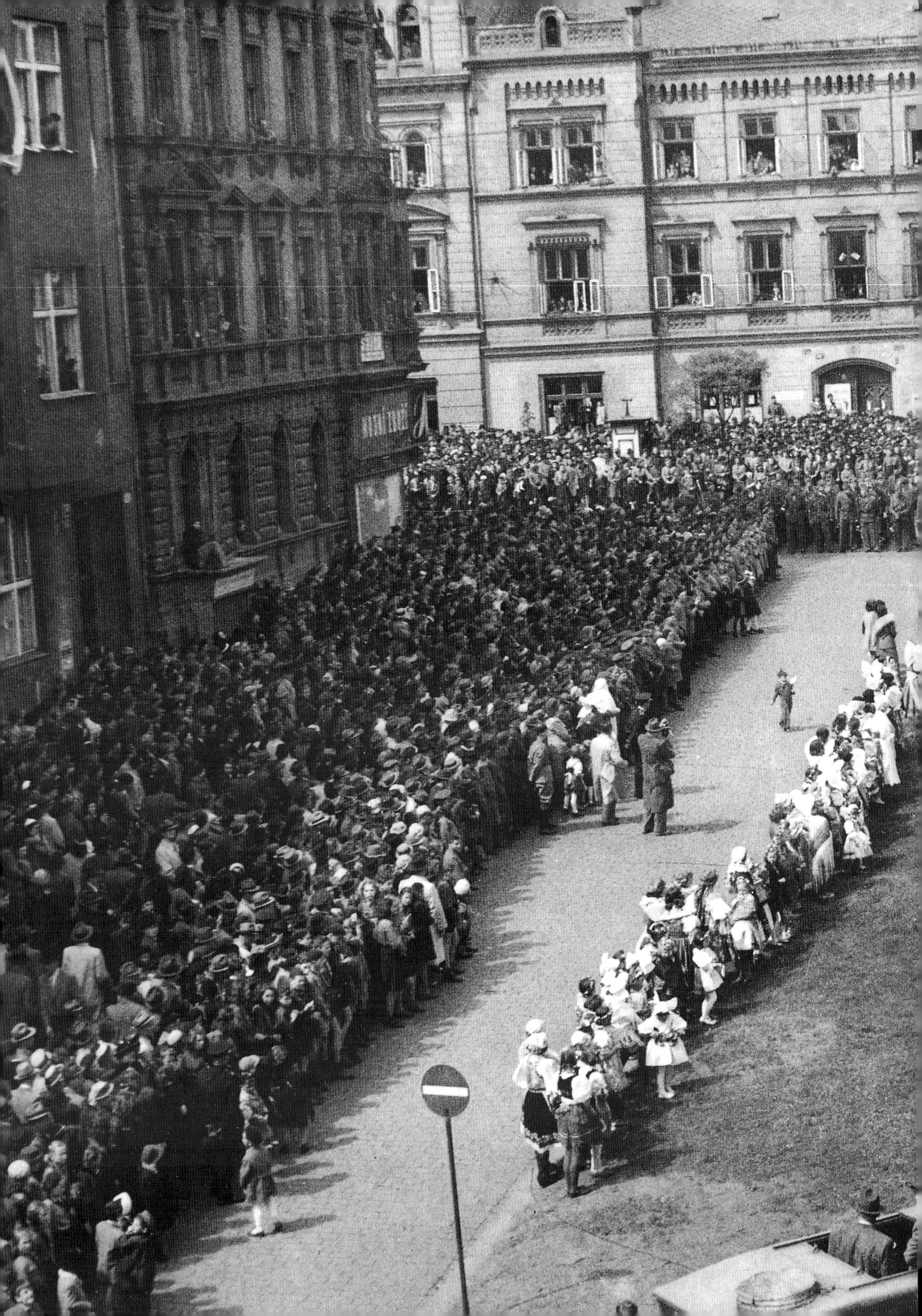

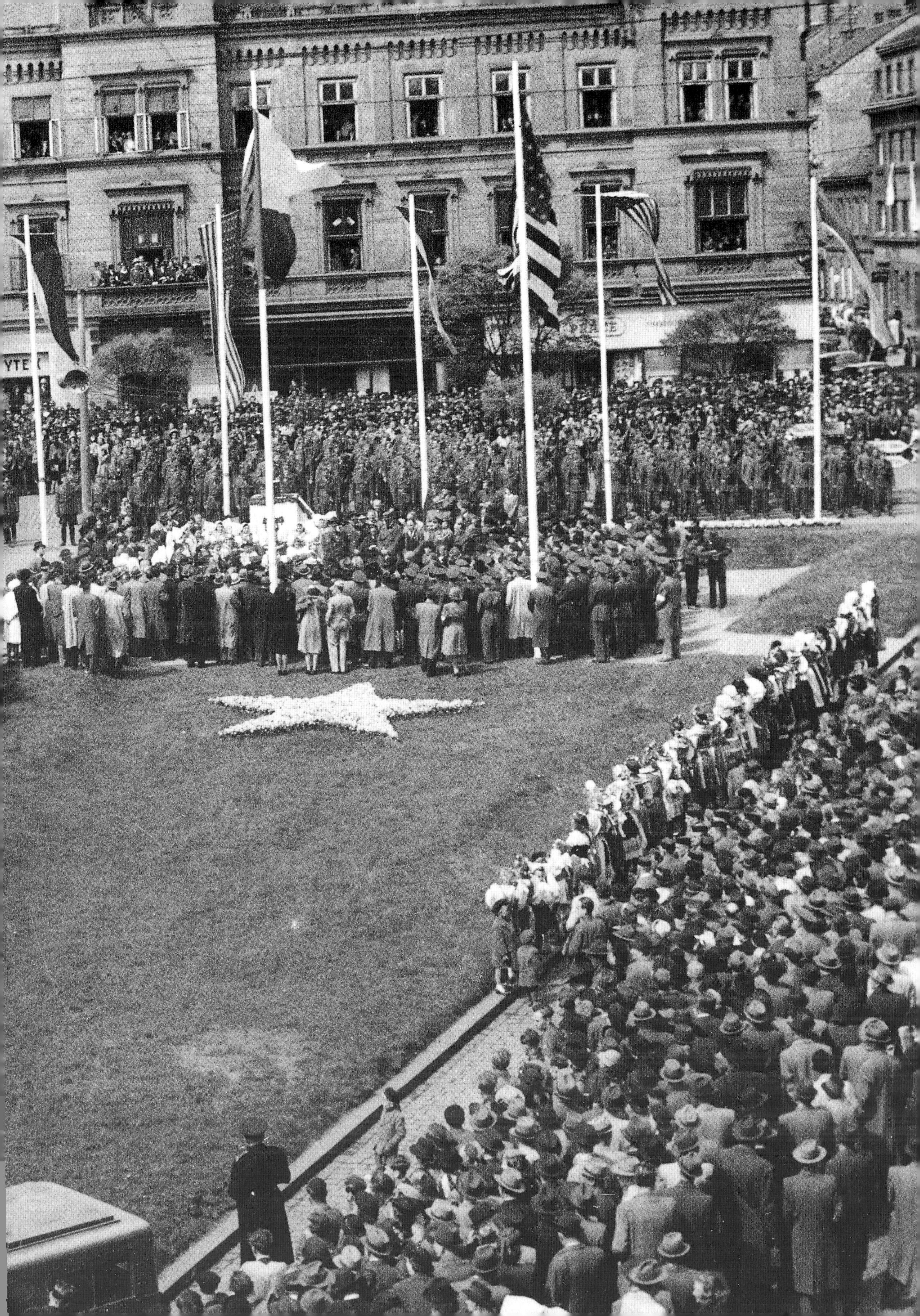

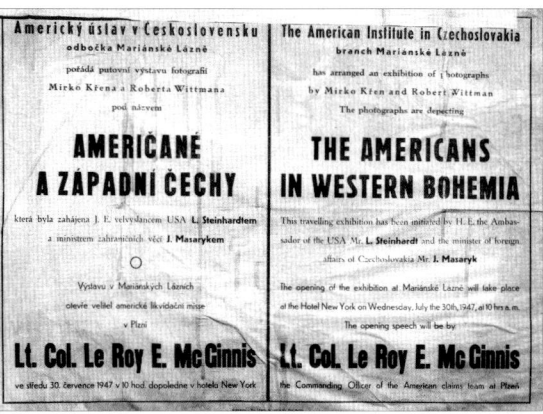

▲ ▲ 27. 4. 1947 byl v městských sadech v Chebu odhalen za účasti L. Steinhardta a J. Masaryka pomník s tímto českým a anglickým textem: „Padlým americkým vojákům, kteří dali své životy za osvobození Chebu." V roce 1951 byl odstraněn.

Cheb, April 27th, 1947. A monument with Czech and English inscriptions was placed in the city park. It was dedicated to the American soldiers killed in action during the liberation of Cheb. It was destroyed by the Communists in 1951.

◀ ▼ Červenec 1947, Mariánské Lázně – zahájení putovní výstavy reportážních fotografií „Američané a západní Čechy" se zúčastnili (zleva) J. Masaryk, L. Steinhardt a fotografové Mirko Křen a Robert Wittman.

Mariánské Lázně, July 1947. The opening of a picture exposition entitled "The Americans in Western Bohemia". The participants included (from the left) J. Masaryk, L. Steinhardt and the photographers Mirko Křen and Robert Wittman.

▲ ▲ **5. 5. 1948 slavili Plzeňané naposledy výročí osvobození svého města americkou armádou. Stovky amerických a českých vlajek, květin, fotografií, obrazů a vzkazů zaplavily travnatý ostrůvek kolem základního kamene.**

Plzeň, May 5th, 1948. The people of Plzeň celebrated the city liberation by the U.S. Army for the last time. Hundreds of American and Czech Flags, flowers, pictures, paintings and messages flooded the grassy area surrounding the Foundation Stone.

▼ **Odpoledne už komunistická bezpečnost bránila přístupu k památnému místu. Davy lidí nechápavě přihlížely z chodníků.**

In the afternoon the communist State Security police blocked the access to the memorial place. The amazed people just looked on.

V noci na 6. 5. 1948 komunistické bezpečnostní složky a dělnické Lidové milice slavnostní výzdobu zničily a naházely do řeky Mže. Nastala dlouhá doba nepravd, lží a zkreslování historických skutečností, doba likvidací amerických pomníků a pamětních desek. Památník americké armádě v Plzni bude odhalen za dlouhých 47 let, v roce 1995, za účasti paní Madeleine Albrightové, současné ministryně zahraničí USA…

Plzeň, May 6th, 1948. During the night the communist security forces and People's Militia destroyed the flowers and decorations, dumping them into the Mže river. The Communist coup of February, 1948, started an era of truth distortions, twisting the facts of history, direct lies, and destruction of American monuments and commemorative plates. It lasted a long 47 years. The U.S. Army Memorial in Plzeň was eventually unveiled in 1995, in the presence of Mrs. Madeleine Albright, the Czech borne U.S. Secretary of State.

Fotografie - poděkování

V knize bylo použito fotografií těchto autorů:
Mirko Křena (Plzeň), Roberta Wittmana (Plzeň), Jiřího Vlacha (Plzeň), Slávy Vaneše (Plzeň), Stanislava Srbka (Plzeň), Františka Pražského (Plzeň), Jiřího Plzáka (Plzeň, Starý Plzenec), Jiřího Šubrta (Plzeň), Josefa Taubera (Domažlice), Jindřicha Douby (Domažlice), Blažeje Jelínka (Klatovy), Emanuela Nejdla (Sušice), Theodora Wolfa (Sušice), Františka Kůse (Sušice), Václava Korala (Horažďovice), Jiřího Kučery (Horažďovice) a dalších neznámých autorů...

V knize byly otištěny fotografie z archivu autora.

Dále bylo použito snímků z archivů těchto muzeí:
Západočeského muzea v Plzni, Okresního muzea v Klatovech, Muzea Chodska v Domažlicích, Muzea Šumavy v Sušici, Městského muzea v Horažďovicích.

Za laskavé poskytnutí fotografií ze svých archivů a sbírek děkuji: paní Vlastě Bächerové-Křenové z Prahy, Jindře Wittmanové z Prahy, Jaroslavě Wittmanové z Plzně, Vlastě Feifrlíkové-Pražské z Plzně, Alanu Koukolovi z Plzně, Milanu Jíšovi z Radčic, Slávovi Vanešovi z Plzně, Milanu Dlouhému z Horní Břízy, Vladimíru Kačerovi z Holýšova, Jiřímu Plzákovi ml. z Plzně, Jiřímu Bělovi z Přeštic, ing. Jaromíru Jelínkovi z Klatov, Jiřímu Vonáskovi z Rokycan, Jiřímu Šubrtovi z Rokycan, Jaroslavu Kantnerovi ze Sedlce, Lubošovi Němejcovi z Dýšiny, Karlu Foudovi ze Zbůchu, Janu Švehlovi z Prahy, Milanu Pokornému ze Sušice, PhDr. Vladislavu Krátkému z Plzně.

Janu Salzmannovi děkuji za překlady a důležité připomínky.

Panu Tonymu Šimůnkovi z Kalifornie v USA jsem zavázán za poskytnutí fotografického archivu Josefa Taubera.

Za konzultace důležitých historických údajů a zapůjčení fotografií děkuji panu Zdeňku Doubkovi z Hradce Králové.

Za spolupráci děkuji ing. Miloslavu Rabochovi, řediteli Nadace 700 let města Plzně.

Milanu Váchalovi děkuji za zhotovení mnoha fotografií z původních negativů.

Dále děkuji paní PhDr. Kumperové, ředitelce Muzea Chodska v Domažlicích, paní Kratochvílové, ředitelce Městského muzea v Horažďovicích, panu PhDr. Frýdovi, řediteli Západočeského muzea v Plzni, panu Pěnkovi z Muzea Šumavy v Sušici a panu Jirákovi z Okresního muzea v Klatovech.

Děkuji za svědectví těmto americkým veteránům z 2., 97. pěší a 16. obrněné divize: N. A. Buonaugurio, Maj. Robert H. Carlson, Gerald J. Couture, Eugene D. Eike, Hugh S. Henry, Adrian Howard, Col. Earl Ingram, Norman Mathis, Erik O. Petersen, Charles A. Savage, John Shobey, William H. Schirmer, Maj. Gen. Laddy L. Stahl, George Thompson, Larry S. Westburg, Harold Yeglin, Verne Lewellen, LtCol. George H. Kelling, Robert C. Weinstein
a historikům: Bryan J. Dickerson a Walter N. Smith

Některé důležité historické prameny a zdroje:
Combat History of the Second Inf. Division in WW II (1946), History V Corps 1940-1945 (1945), 16th Arm. Division History Patton's Third Army WW II (1986), After Action Reports-90th Inf. Division, 97th Inf. Division, 4th Arm. Division, 16th Arm. Division, The Story of the 97th Inf. Division (1945), First in Plzeň in 1945 - L.C. Westburg (1945), G-2 Journal,16th Arm. Division May 5-6 (1945), Tři roky s Eisenhowerem - H.S.Butcher (1947), Zpravodaj západních Čech (1945-46), Zpravodaj (květen 1946), Nový den (1945), Svobodný směr (1945), České slovo (1945), Chodský bílý týden - Jan Vrba (1947), Volání Klatovska - M. Hrdlička (1946), Sušicko za okupace - sborník (1946), Osvobození Domažlicka - Roman Pavlík (1990), Americká válka v českém pohraničním hvozdu - PhDr. Stanislav Kokoška, Dějiny a současnost 5/95, Konec Wehrmachtu v Čechách - Tomáš Jakl, HPM 9/99.

Na vydání knihy Američané a západní Čechy 1945 se podíleli:

Plzeňský Prazdroj, a.s.
U Prazdroje 7, Plzeň, tel.: 019/706 11 11

Kooperativa, pojišťovna, a.s.
Zahradní 3, Plzeň, tel.: 019/741 71 11

Hotel Slovan
Smetanovy sady 1, Plzeň, tel.: 019/722 72 56

Inel holding, a.s., Karlovarská 49, Plzeň
Chlumčanské keramické závody, a.s., Chlumčany
Stock Plzeň, a.s., Palírenská 2, Plzeň
Raiffeisen, stavební spořitelna, a.s., Pražská 11, Plzeň
Kavex-Granit Holding, a.s., Houškova 35, Plzeň
Český Telecom, a.s., oblast Jižní Čechy, o.z., Dr. Stejskala 6, České Budějovice
Nadace 700 let města Plzně

Deníky Bohemia

Radio FM Plus

Radio Karolína

Radio Šumava

Realitní kancelář Pubec

Plzeňská teplárenská, a.s.

AIP Plzeň, s.r.o.

Jaroslav Kodet, Plzeň

Komerční banka, a.s.

Union banka, a.s.

Kdynium, a.s.

Pilsner Urquell

Hotel Slovan
PLZEŇ

Kooperativa

inel

CHLUMČANSKÉ KERAMICKÉ ZÁVODY, a.s.

STOCK
PLZEŇ-BOŽKOV

Raiffeisen stavební spořitelna
Specialista na stavební spoření

KAVEX

ČESKÝ TELECOM

DENÍKY BOHEMIA

RADIO FM PLUS PLZEŇ

RADIO Karolína 104.7 ...první dáma Country music!

Radio Šumava FM 95.2

POSLOUCHÁM RÁDIO, KTERÉ HRAJE I NA 91.8 FM

Jaroslav KODET Plzeň

PROJEKČNÍ A REALITNÍ KANCELÁŘ
PUBEC
AMERICKÁ TŘ. 56, CZ-301 50 PLZEŇ
Tel a Fax: 00420-19-7236947

PLZEŇSKÁ TEPLÁRENSKÁ A.S.

KDYNIUM a.s.
Přesné odlitky vyrobené metodou vytavitelného modelu
Stomatologické polotovary a kovy
Nádražní 104, 345 06 KDYNĚ
tel. +420 189 71 51 11, fax +420 189 71 55 06

UB Union banka

KB KOMERČNÍ BANKA A.S.

AIP PLZEŇ spol. s r.o.
Architektura Inženýrská činnost Projekty Realizace
BROJOVA 16
TEL.019/455 33 FAX 019/423 39

2013.65.1